GW00457313

前　言

　　汉语水平考试（HSK）秉承"考教结合、以考促学、以考促教"的理念，根据语言学和教育测量学的最新理论，于2009年实现全新改版，更好地适应了全球汉语教学的实际情况，成为最具广泛性和权威性的汉语能力评价标准，被普遍用作学校录取、企业用人等的重要依据。

　　截至2013年底，孔子学院总部/国家汉办在全球108个国家和地区设立了823个HSK考点，除传统的纸笔考试形式以外，计算机考试和网络考试也在逐步推广，极大地方便了每年数十万考生多样化的报考需求。

　　为满足广大汉语学习者学习、备考的需求，2014年我们继续出版《HSK真题集（2014版）》系列。本套真题集共7册，包括汉语水平考试（HSK）6册和汉语水平口语考试（HSKK）1册，每册包含相应等级的真题和答案各5套，并配有听力录音、听力文本和答题卡。希望本套真题集成为广大考生和汉语学习者的实用助手。

编　者

2014年1月

孔子学院总部/国家汉办 编制
Confucius Institute Headquarters(Hanban)

HSK 真题集（五级）
Official Examination Papers of HSK (Level 5)

2014版

高等教育出版社·北京
HIGHER EDUCATION PRESS BEIJING

《HSK真题集》系列

总监制：许　琳

总策划：马箭飞　胡志平

策　划：段　莉　张晋军　李佩泽

编　委：（按姓氏笔画顺序排列）

王翠蔚　李亚男　张　欣　张铁英

张慧君　欧阳潭　赵　璇　唐　煜

黄　蕾　符华均　解妮妮

目　录

孔子学院总部/国家汉办
Confucius Institute Headquarters(Hanban)

汉 语 水 平 考 试
HSK（五级）

H51221

注　　意

一、HSK（五级）分三部分：

　　1. 听力（45 题，约 30 分钟）

　　2. 阅读（45 题，45 分钟）

　　3. 书写（10 题，40 分钟）

二、**听力结束后，有 5 分钟填写答题卡。**

三、全部考试约 125 分钟（含考生填写个人信息时间 5 分钟）。

中国　北京　　　　　　　　　孔子学院总部/国家汉办　　编制

一、听 力

第 1-20 题：请选出正确答案。

1. A 没带橡皮
   B 还没还书
   C 把简历弄丢了
   D 和别人吵架了

2. A 含保险
   B 不能打折
   C 可以改签
   D 是往返机票

3. A 没勇气
   B 在做记录
   C 对话题没兴趣
   D 最后一个发言

4. A 填错信息了
   B 忘记密码了
   C 忘买信封了
   D 没时间去报名

5. A 有磁带
   B 卖光了
   C 尚未出版
   D 是针对初学者的

6. A 晕车
   B 家里来客人了
   C 朋友临时有事
   D 要参加一个会议

7. A 路上堵车
   B 被录取了
   C 有员工宿舍
   D 结果还没公布

8. A 嗓子疼
   B 吃得很清淡
   C 不爱吃土豆
   D 经常打喷嚏

9. A 刚下火车
   B 还没睡醒
   C 没带现金
   D 在排队买票

10. A 要结账
    B 烤鸭很好吃
    C 烤鸭上得慢
    D 别浪费粮食

11. A 邮局
    B 博物馆
    C 农业银行
    D 建设银行

12. A 花不用浇了
    B 要晒晒太阳
    C 水已经烧开了
    D 阳台该打扫了

-3-

13. **A** 讲故事
    B 冲奶粉
    C 加个枕头
    D 带孩子去打针

14. **A** 非常好
    B 很业余
    C 缺少美感
    D 时代感很强

15. **A** 树叶都掉了
    B 根本没刮风
    C 外面雾很大
    D 想去买报纸

16. **A** 自驾旅游
    B 看望朋友
    C 去郊区划船
    D 玩儿网络游戏

17. **A** 失业了
    B 在开发票
    C 拿错合同了
    D 要找王总签字

18. **A** 很方便
    B 送货速度慢
    C 服务质量有待提高
    D 促进了小企业的发展

19. **A** 他来打开
    B 别买罐头
    C 别烫着手
    D 瓶子打碎了

20. **A** 运输费用
    B 生产原料
    C 投资金额
    D 产品价格

第 二 部 分

第 21-45 题：请选出正确答案。

21. A 超速行驶
    B 酒后驾车
    C 疲劳驾驶
    D 开车时打电话

22. A 有病毒
    B 是收费的
    C 是处理图片的
    D 可以处理视频

23. A 失眠了
    B 感冒了
    C 胃不舒服
    D 辣椒吃多了

24. A 在北京举办
    B 只举办一场
    C 演出时间待定
    D 这个月中旬举办

25. A 房租涨了
    B 家具买好了
    C 他们打算贷款
    D 房子还没装修

26. A 系领带
    B 戴手套
    C 换双皮鞋
    D 穿黑袜子

27. A 考驾照
    B 学滑冰
    C 做手术
    D 去实习

28. A 要考试了
    B 书店在搞活动
    C 买了一个新书架
    D 给儿子买生日礼物

29. A 升职了
    B 拿到签证了
    C 教材编写完了
    D 项目获得批准

30. A 电视剧
    B 动画片
    C 网球决赛
    D 动物世界

31. A 吸引更多资金
    B 修改广告方案
    C 提高公司股价
    D 制订销售方案

32. A 产品要降价
    B 总经理要辞职
    C 要招聘新职员
    D 要推出新产品

33. A 摔倒了
    B 气球破了
    C 气球飞走了
    D 找不到妈妈

34. A 重新买一个
    B 气球长大了
    C 气球回家了
    D 带孩子去游乐场

35. A 很孝顺
    B 善于安慰孩子
    C 是幼儿园老师
    D 不懂孩子的想法

36. A 自己去敲门
    B 通过朋友介绍
    C 聚会时认识的
    D 打排球时认识的

37. A 一般
    B 很愉快
    C 有许多矛盾
    D 依然很陌生

38. A 要主动沟通
    B 不能骄傲自满
    C 要多赞美别人
    D 避免犯同样的错误

39. A 只有一条
    B 是高速公路
    C 没有目的地
    D 要一步一步走

40. A 不耐烦
    B 充满希望
    C 犹豫不决
    D 特别后悔

41. A 要有个性
    B 要有怀疑精神
    C 人生要有目标
    D 不要逃避责任

42. A 促使我们进步
    B 给我们好的建议
    C 让我们不再孤单
    D 让我们失去信心

43. A 要公平竞争
    B 人生需要敌人
    C 成长离不开朋友
    D 失败是成功之母

44. A 不够幽默
    B 语速太快
    C 声音有些低
    D 显得很严肃

45. A 参加了比赛
    B 不想做教练
    C 担任解说嘉宾
    D 没出席开幕式

二、阅 读

第46-60题：请选出正确答案。

46-48.

空气，阳光，还有爱和亲情，这些看似普通而平常的东西，正是因为平时我们得之容易，所以常常被我们 __46__ ；而它们一旦从我们身边溜走，我们才会恍然醒悟，这些看似平常的东西，它的重要性不知要比金钱高出多少 __47__ 。所以，我们有 __48__ 学会辨别，学会选择，学会取舍，要清楚什么才是我们真正需要的东西。

46.	A 执行		B 忽视		C 称赞		D 争取
47.	A 幅		B 克		C 批		D 倍
48.	A 原则		B 必要		C 权利		D 价值

49-52.

写小说的人总是害怕重复，为了不重复自己的作品，创作的时间一次比一次长。但是生活不同于写小说，有时候， __49__ 。每天跟自己喜欢的人在一起，常常跟他一起去旅行，重复同一个承诺和梦想，听他 __50__ 次提起童年往事，每年的同一天和他 __51__ 生日，每年的情人节、除夕也和他共度。我们所谓的幸福不正是重复地做同一件事情吗？甚至连吵架也是重复的，为了一些琐事吵架，冷战，然后疯狂思念 __52__ ，最后和好。我们不是一直在重复做着这些相似的事情，然后相信这就是幸福吗？

49.	A 重复也是种幸福		B 生活不能总是冒险
	C 要坚持自己的理想		D 写小说需要的是想象力

50.	A 反复		B 过分		C 无数		D 多余
51.	A 从事		B 庆祝		C 参与		D 告别
52.	A 个人		B 双方		C 对手		D 对方

53-56.

有一位农夫，日出而作，日落而息，辛勤耕作于田间，日子过得虽说不上富裕， 53 也和美快乐。

一天晚上，农夫做了个梦，梦见自己得到了 18 块儿金子。 54 ，第二天，农夫在自己的地里竟然真的挖到了一块儿金子，他的家人和亲友都为此感到高兴不已，可农夫却闷闷不乐，整天心事重重。别人问他："你已经得到了一块儿金子，还有什么不满意的呢？"农夫回答："我在想， 55 17 块儿金子到哪儿去了？"

得到了一块儿金子，却 56 了生活的快乐。看来，有时真正的快乐和金钱无关。

53．A 倒　　　　B 趁　　　　C 便　　　　D 则
54．A 说来也巧　　　　　　　　B 讽刺的是
　　C 让人遗憾的是　　　　　　D 简直是开玩笑
55．A 难怪　　　B 另外　　　C 格外　　　D 总共
56．A 导致　　　B 缩小　　　C 抓紧　　　D 失去

57-60.

有位老板在一家酒楼请客。已经到点了，只到了三个人。老板心里很着急，自言自语地念叨着："该来的怎么还没来？"三个人中有一人听他这么一说，很生气，站起来皱着眉头就走了。老板一看有人走了，更加着急，对 57 两人说："咳，不该走的又走了。"这两个人一听也皱起了眉头，其中一人也站起来走了。老板一看越发着急，对剩下的那个人说：" 58 。"第三位客人一听这话，也站起来 59 走了。

这位老板因为说话不中听，把请客变成了逐客，把客人都 60 跑了。

57．A 此外　　　B 其余　　　C 彼此　　　D 各自
58．A 他去洗手间了　　　　　　B 我们等得太久了
　　C 你再让我考虑一下　　　　D 你看，我又不是说他
59．A 暗暗　　　B 匆匆　　　C 纷纷　　　D 渐渐
60．A 追　　　　B 赶　　　　C 催　　　　D 拦

第二部分

第 61-70 题：请选出与试题内容一致的一项。

61. 北京的秋天冷暖宜人，是出游休闲的大好时节。只是在春、夏、秋、冬四季中，秋季最短，平均只有 52 天，有的年份甚至短到只有 27 天。所以，到了利用好天气抓紧出游的时候了。

   A 现在是秋季
   B 秋季风沙大
   C 秋季温差大
   D 北京的秋天很长

62. 我们很重视语言沟通，其实，在我们开口之前，身体就已经传递了很多信息。第一次见面的人，对你的印象 55% 是来自你的外表和身体语言，38% 来自你的说话方式，只有 7% 来自你所说的话。

   A 沉默是金
   B 言行应一致
   C 少说话，多做事
   D 身体语言能表达很多信息

63. 工作和生活压力过大、作息不规律等，会导致睡眠质量下降，进而产生黑眼圈。专家提醒，与其不断换用各种产品遮盖黑眼圈，不如尝试改善睡眠，调理饮食，这样，黑眼圈的问题才能得到很好的解决。

   A 黑眼圈与睡眠质量有关
   B 黑眼圈是一种过敏现象
   C 出现黑眼圈意味着年纪大了
   D 解决黑眼圈问题需要多运动

64. "一方水土养一方人"是一句俗语，比喻一定的环境会造就一定的人才。每个地区的水土环境、人文环境都不相同，人们的生活方式、风俗习惯和思想观念也就随之而改变。生活在同一个环境中的人，性格也会很相似，从而带有一种地域的独特性。

   A 要保护环境
   B 心情容易受天气影响
   C 同一环境下的人有共同点
   D 不同地区的经济状况差别很大

65. 提起青岛，很多人想到的是美丽的大海、金色的沙滩、美味的海鲜、清凉的啤酒，很少有人提起青岛的街。然而来到青岛，青岛的街一定会给你留下深刻的印象。青岛依山傍海，没有一条路是正南或是正北的，在青岛问路，当地人不会告诉你往东走或是往北走，只会告诉你应该到第几个路口往左拐或往右拐。

A 青岛人很热情

B 青岛街道笔直

C 青岛的公交很发达

D 青岛的街道很有特色

66. 滑雪者都想轻松愉快地顺着山坡往下滑行，但想要拥有这个过程就必须先登上山顶。我们的心理状况也是这样：为了最终能朝正确的方向前进，有必要先往相反的方向走一段；为了拥有更长久的快乐，有时也需要承受一定的悲伤。所以，如果你的心情正处在幽暗的境地，千万不要放弃，因为爬上山顶就可以迎来愉悦的新生活。

A 要学会放松

B 细节决定成败

C 期望越大失望越大

D 面对困难不应放弃

67. 筒车是一种以水流做动力取水浇田的工具，也称为"水转筒车"。据史料记载，筒车发明于隋而盛于唐，距今已有 1000 多年的历史。这种靠水力自动的古老筒车是中国古人的发明，在各地山间、溪流间构成了一幅幅古老的田园春色图。

A 筒车发明于唐代

B 筒车以水流做动力

C 筒车可以用来发电

D 筒车是一种运输工具

68. 长期以来，人们一说起懒惰就深恶痛绝。其实，"懒"从某种角度来说，既能成为一种创造的动力，还能提高生产效率。人正是懒得推磨，才发明了风车；懒得走路，才发明了汽车。巧于懒惰的人，身上常常闪烁着创造的火花。

A 勤能补拙

B 傻人有傻福

C 懒人更容易满足

D 懒可以成为创造的动力

69. 许多人做事常常半途而废，其实，只要再多花一点点力气，再坚持一点点时间，就会胜利。人们之所以容易放弃，主要是因为缺乏毅力。在你遇到困难想放弃时，别忘了提醒自己：人生就像四季的变迁，此刻只不过是人生的冬季而已。冬天来了，春天还会远吗？

    A 坚持就是胜利

    B 要从小事做起

    C 要尽力帮助别人

    D 做事情不能太固执

70. 琉璃厂大街位于北京和平门外，是北京著名的文化街。它形成于清代，当时各地来京参加科举考试的举人大多集中住在这一带，因此在这里出售书籍和笔墨纸砚的店铺较多，形成了较浓的文化氛围。今天，这里有许多经营古玩字画的店铺，很多来京旅游的人都要到这里逛逛。

    A 琉璃厂有许多著名大学

    B 知道琉璃厂的人越来越少

    C 琉璃厂大街是一条美食街

    D 有很多人去琉璃厂大街游玩儿

第 三 部 分

第 71-90 题：请选出正确答案。

71-74.

　　有一位出版社的朋友，每次出门见人之前都要先研究一下对方的星座，这样她可以将对方迅速地进行归类，并把对方引向她熟悉的语言环境中。还有一些朋友，喜欢询问别人毕业于哪所大学、兴趣和爱好是什么，在这些问题中，通常能够找到和对方有共同语言的话题。一旦找到，似乎距离又拉近了很多。

　　我的一位老乡，每次见人最先询问的一个问题，就是对方的老家在哪里。基于他对各地人性格特点的研究，这个问题可以立刻引发一些可以谈论的话题。如果碰巧和别人是同乡，那亲热的感觉，恨不得马上称兄道弟。

　　这些都是迅速和人拉近距离的方法，拥有这些习惯的人，通常能够迅速与人建立良好的关系。在心理学上，这就叫"名片效应"，就是说两个人在交往时，如果首先表明自己在某一方面与对方的态度、价值观、兴趣点相同，就会使对方感觉到你与他有更多的相似性，从而迅速缩小与你的心理距离。

71. 朋友为什么要问别人的兴趣爱好？
　　A 好奇心强　　　　　　　　B 表示尊敬
　　C 想拉近距离　　　　　　　D 在做心理研究

72. 关于那位老乡，下列哪项正确？
　　A 不喜欢热闹　　　　　　　B 已经退休了
　　C 有好几个兄弟　　　　　　D 了解不同地方人的性格

73. 关于"名片效应"，可以知道：
　　A 作用不明显　　　　　　　B 有时也会出错
　　C 有利于人际交往　　　　　D 经常发生在面试时

74. 上文主要想告诉我们什么？
　　A 讲话要突出重点　　　　　B 交流需要共同话题
　　C 习惯是慢慢养成的　　　　D 不要随便责备别人

75-78.

传说有一种小鸟，叫寒号鸟。

夏天的时候，寒号鸟全身长满了绚丽的羽毛，十分美丽。寒号鸟骄傲得不得了，觉得自己是天底下最漂亮的鸟，连凤凰也不能同自己相比。于是它整天摇晃着羽毛，到处走来走去，还洋洋得意地唱着："凤凰不如我！凤凰不如我！"

夏天过去了，秋天来到了，鸟儿们都各自忙开了，它们有的开始结伴飞往南方，准备在那里度过温暖的冬天；有的留下来，整天辛勤忙碌，积聚食物，修理窝巢，做好过冬的准备工作。只有寒号鸟，既没有飞到南方去的本领，又不愿辛勤劳动，仍然整日游荡，还在一个劲儿地到处炫耀自己漂亮的羽毛。

冬天终于来了，天气冷极了，鸟儿们都回到自己温暖的窝巢里。这时的寒号鸟，身上漂亮的羽毛都掉光了。夜间，它躲在石缝里，冻得浑身直哆嗦，它不停地叫着："好冷啊，好冷啊，等到天亮了就造个窝啊！"等到天亮后，太阳出来了，温暖的阳光一照，寒号鸟又忘记了夜晚的寒冷，于是它又不停地唱着："得过且过，得过且过，太阳下面暖和，太阳下面暖和。"

寒号鸟就这样一天天地混着，过一天是一天，一直没能给自己造个窝。最后，它没能混过寒冷的冬天，冻死在岩石缝里了。

那些只顾眼前，得过且过，不做长远打算，不愿通过辛勤劳动去创造生活的人，跟寒号鸟也没多大区别。

75．寒号鸟为什么很骄傲？

    A 歌声动人   B 舞姿优美

    C 长有美丽的羽毛   D 比普通鸟飞得高

76．关于寒号鸟，可以知道什么？

    A 很勤劳   B 十分谦虚

    C 没做过冬的准备   D 抢了其他鸟的窝

77．上文中"得过且过"最可能是什么意思？

    A 要求不高   B 努力奋斗

    C 寻找机会   D 不太现实

78．上文主要想告诉我们什么？

    A 绝不能只顾眼前   B 要及时总结经验

    C 计划赶不上变化   D 要训练观察能力

79-82.

　　一个从小练习芭蕾舞的女孩儿决定考舞蹈学院，并将跳舞作为终生职业。但她很想搞清楚自己是否有这个天分。于是，当一个芭蕾舞团来到女孩儿居住的城市演出时，她跑去见该团团长。

　　女孩儿说："我想成为最出色的芭蕾舞演员，但我不知道自己是否有这个天分。""你跳一段舞给我看。"团长说。5 分钟后，团长打断了女孩儿，摇摇头说："你没有这个天分。"

　　女孩儿伤心地回到家，把舞鞋扔到箱底，再也没有穿过。后来，她结婚生子，当了超市的服务员。多年后去看芭蕾舞演出，在剧院门口她又碰到了那个团长。她问："当初你是怎么看出我没天分的呢？""哦，你跳舞时我并没怎么看，我只是对你说了对其他人都会说的话。""啊？"她叫道，"你的话毁了我的生活，我原本能成为最出色的芭蕾舞演员的！""我不这么认为。"团长反驳说："如果真渴望成为一名舞蹈家，你是不会在意我对你所说的话的。"

　　人生成与败并非全靠机遇，而是一种选择，我们不能完全依赖别人的安排与帮助，必须凭借自己的努力创造未来。

79．那个女孩子为什么要去见团长？
　　A 想参加演出　　　　　　　　B 想得到团长的评价
　　C 想给团长一个惊喜　　　　　D 希望得到专业指导

80．听了团长的话后，那个女孩子做了什么决定？
　　A 出国留学　　　　　　　　　B 离开家乡
　　C 放弃了跳舞　　　　　　　　D 开了一家超市

81．那个团长：
　　A 很朴素　　　　　　　　　　B 善于鼓励人
　　C 培养了很多人才　　　　　　D 不同意女孩儿的看法

82．上文主要想告诉我们：
　　A 要相信别人　　　　　　　　B 要尊重他人
　　C 要热心助人　　　　　　　　D 人生要自己把握

83-86.

　　小孩子一般都对游戏很感兴趣，并且渴望父母与自己一起玩儿游戏。不过，陪孩子玩儿也得讲技巧，否则，很难达到理想的效果。

　　第一，表达对游戏的兴趣。父母在陪孩子玩儿游戏时，要和孩子一样投入、专心，短时间完整的注意力投入，比长时间的敷衍来得更有力量。

　　第二，积极地倾听。孩子都希望父母注意自己，而且越多越好。倾听会让孩子感受到你对他的关注和爱意，让他更想展现自己。孩子在游戏中所表达的可能有它潜在的涵义，多花些心思去倾听孩子所说的，收获的可能是孩子想对你说却不敢或不知如何开口的心里话。在倾听中，让孩子带领你去看他眼中的世界。

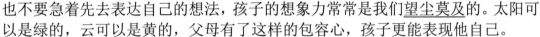

　　第三，多问开放性的问题。进入孩子的世界，你除了多听，还应开放自己，多问多学。不要假设孩子和你有一样的想法，也不要急着先去表达自己的想法，孩子的想象力常常是我们望尘莫及的。太阳可以是绿的，云可以是黄的，父母有了这样的包容心，孩子更能表现他自己。

　　第四，遇到问题，试着让孩子自己解决。游戏也是日常生活的缩影，孩子也会遇到问题和困难。父母可能会不自觉地帮他解决问题。其实游戏是孩子学习解决问题的最有效的方法。比如：当孩子搬不动他整箱的积木时，可以问问孩子"怎么办呢"。多些耐心，你可能会和孩子一起享受他打开箱子、搬出积木、解决问题的得意与骄傲。

83．父母和孩子一起玩儿时，要注意什么？
　　A 时间不要太长　　　　　　　　**B** 要认真听孩子说
　　C 多帮孩子拍些照片　　　　　　**D** 带充足的食物和水

84．上文中的"望尘莫及"最可能是什么意思？
　　A 担心　　　　　　　　　　　　**B** 赶不上
　　C 不要紧　　　　　　　　　　　**D** 十分羡慕

85．孩子碰到麻烦时，父母应该：
　　A 让孩子立刻解决　　　　　　　**B** 告诉孩子解决办法
　　C 鼓励孩子自己解决　　　　　　**D** 让孩子找人合作解决

86．上文主要讲什么？
　　A 游戏的魅力　　　　　　　　　**B** 孩子的烦恼
　　C 要让孩子玩儿　　　　　　　　**D** 怎样陪孩子玩儿

87-90.

　　甲、乙二人约定时间于某展览馆入口处相见，一同参观展览。甲按时到达；乙在路上遇到一位故友，寒暄了一阵儿，赶到约定地点时，迟到了半小时。乙说："抱歉！迟到了一会儿。"甲说："我等老半天了，腿都站酸了。'一会儿'，一会儿有多久？"乙说："最多不到 10 分钟。"甲说："起码一小时。"

　　客观时间是半小时，乙估计"最多不到 10 分钟"，甲估计"起码一小时"，是甲有意夸大、乙有意缩小吗？不，他们说的都是自己内心体验的实话。那么为什么会有这种现象呢？这就是时间知觉的特点：相对主观性。

　　在同样一段时间里，人们为什么会有长短不同的感觉呢？这首先是因为人们所参与的活动的内容影响着人们对时间的估计。在上面的事例中，甲干等着，腿都站酸了，乙与故友久别重逢，寒暄说话。一个活动内容枯燥，一个活动热烈有趣，难免造成时间知觉上的差异。其次，情绪和态度影响人对时间的估计，这正如人们常说的"欢乐恨时短""寂寞嫌时长""光阴似箭""度日如年"等。总之，心理学研究发现，有许多因素影响人们对时间的知觉。实际上，客观时间并不会因为人们的主观感觉而变快或变慢。然而人们却可以运用心理学知识，掌握时间错觉，利用时间错觉，使某些实践活动产生特殊的心理效应。

87. 根据第 1 段，可以知道什么？
    A 甲准时到了 　　　　　　　B 乙取消了约会
    C 甲等了一个小时 　　　　　D 乙迟到了 10 分钟

88. 为什么甲觉得时间特别长？
    A 腿受伤了 　　　　　　　　B 没戴手表
    C 他喜欢夸大事实 　　　　　D 等待让人觉得无聊

89. "欢乐恨时短"说明：
    A 时间是短暂的 　　　　　　B 要乐观面对生活
    C 要合理分配时间 　　　　　D 情绪影响人们的感受

90. 上文主要想告诉我们：
    A 要珍惜时间 　　　　　　　B 生命在于运动
    C 时间不会因人而异 　　　　D 时间具有相对主观性

三、书 写

第一部分

第91-98题：完成句子。

例如：发表　　这篇论文　　什么时候　　是　　的

　　这篇论文是什么时候发表的？

91. 这次展览　　特别大　　的　　规模

92. 有些数据　　删除了　　已经　　被

93. 项目　　相当　　顺利　　进行得

94. 很　　有研究　　她对　　古典　　文学

95. 请　　振动状态　　将手机　　调成

96. 放在　　信封里　　了　　我把收据

97. 出色　　他们双方的　　都　　表现　　很

98. 涨了　　近一倍　　价格　　丝绸的

第二部分

第 99-100 题：写短文。

99. 请结合下列词语（要全部使用，顺序不分先后），写一篇 80 字左右的短文。

　　烦恼　灰心　面对　交流　建议

100. 请结合这张图片写一篇 80 字左右的短文。

H51221 卷听力材料

大家好！欢迎参加 HSK（五级）考试。
大家好！欢迎参加 HSK（五级）考试。
大家好！欢迎参加 HSK（五级）考试。

HSK（五级）听力考试分两部分，共 45 题。
请大家注意，听力考试现在开始。

第一部分

第 1 到 20 题，请选出正确答案。现在开始第 1 题：

1. 女：糟糕，我今天没带橡皮。
   男：别着急，我这儿有两块儿，可以借你一块儿。
   问：女的怎么了？

2. 男：机票订好了吗？
   女：订好了，我订的是往返，是打折机票，不能改签。
   问：关于机票，可以知道什么？

3. 女：你平常不是话挺多的吗？怎么今天一言不发？
   男：他们讨论的那个话题我不是很感兴趣。
   问：男的为什么不说话？

4. 男：这个信箱好久没用，密码又忘了，有什么办法吗？
   女：可以申请找回密码啊，或者干脆重新注册个新的好了。
   问：男的怎么了？

5. 女：你那儿有学太极拳的教材吗？
   男：有一套新出版的，而且还带光盘，非常适合初学者。
   问：关于那套教材，下列哪项正确？

6. 男：你们昨天去爬山了吗？
   女：没有，有几个朋友临时有些事情要去处理，所以就取消了。
   问：女的为什么没去爬山？

7. 女：你现在才回来？今天的面试怎么样？
   男：运气还不错，下周一去上班。
   问：男的是什么意思？

8. 男：你以前不是很喜欢吃辣吗？怎么现在吃得这么清淡？
   女：我参加了合唱团，当然要保护好嗓子了。
   问：关于女的，下列哪项正确？

9. 女：坐了一天的火车，累了吧，赶紧去洗个澡，休息一下。
   男：妈，我买的卧铺票，在车上睡了好长时间，一点儿也不累。
   问：关于男的，可以知道什么？

10. 男：服务员，我们的烤鸭还没上来，能不能快一点儿？
    女：好的，您稍等，我去催一下。
    问：男的是什么意思？

11. 女：您好，请问这附近有农业银行吗？
    男：有，你往前走，到路口向右拐，就能看到。
    问：女的要去哪儿？

12. 男：姥姥，阳台上的这个水壶坏了吗？
    女：是，坏了。还有，阳台上的花都浇过了，你别再浇了。
    问：女的是什么意思？

13. 女：宝宝是饿了吧？我去给她冲点儿奶粉？
    男：我也不知道，一觉醒来，她就一个劲儿地哭，怎么哄都没用。
    问：女的准备做什么？

14. 男：这些人物照片全是你照的吗？你真让人佩服！
    女：谢谢，摄影是我的业余爱好。
    问：男的认为这些照片拍得怎么样？

15. 女：你多穿点儿，报纸上说今天有四到五级大风。
    男：你看的是什么报纸啊？外面连树叶都一动不动。
    问：男的是什么意思？

16. 男：马上要国庆节了，放长假你有什么安排？
    女：我准备跟我丈夫自驾去内蒙古，看看草原去。
    问：女的国庆节打算怎么安排？

17. 女：王总开会去了，要不这份文件先放我这儿，一会儿我帮你转交给他。
    男：算了，不麻烦你了，我一会儿再来吧，我还要请他签字的。
    问：关于男的，下列哪项正确？

18. 男：如今在网上几乎可以买到所有的商品，服装、数码产品、图书，什么都有。
    女：是，现在在网上买东西确实很方便。
    问：对网上购物，女的是什么看法？

19. 女：我的手有点儿滑，怎么也拧不开这个瓶盖儿。
    男：你给我吧，我给你拧开。
    问：男的是什么意思？

20. 男：这批设备的运输费用是由谁来承担？
    女：一般来说，应该是销售商承担，但对方认为费用太高，因此我们正在谈判。
    问：他们在谈论什么？

第二部分

第 21 到 45 题，请选出正确答案。现在开始第 21 题：

21. 女：你休息会儿，我们轮流开。
    男：没事，一路走的都是高速，不累。
    女：不行，你都开了一上午了，疲劳驾驶很危险的。
    男：好吧，到前面服务区停下来换你。
    问：女的认为什么很危险？

22. 男：你这些图片处理得真棒，你是怎么弄的？
    女：我下载了一个软件，就是这个，你没用过吗？
    男：没有，是免费的？
    女：对，是免费的，我一会儿传给你。
    问：关于那个软件，下列哪项正确？

23. 女：你怎么了？
    男：胃有点儿不舒服。
    女：是不是着凉了？
    男：不是，可能是消化不良，中午吃太多了。
    女：我这儿有助消化的药，你吃一粒吧。
    问：男的怎么了？

24. 男：告诉你一个好消息，"五月天"要来北京开演唱会了。
   女：真的吗？什么时候？
   男：就这个月的最后两天，连续举办两场，现在已经开始售票了。
   女：太好了，这次无论如何我都要去！
   问：关于这场演唱会，下列哪项正确？

25. 女：新房子装修大概需要多少钱啊？
   男：我咨询了一下装修公司，如果是简单装一下的话，五万左右吧。
   女：那加上家具呢？
   男：加上家具的话，估计得十万。
   问：根据对话，可以知道什么？

26. 男：看我这身衣服怎么样？
   女：挺好的，很合身，你穿西装显得更精神了，不过……
   男：不过什么？
   女：你为什么不打领带，搭配上一条领带就完美了。
   问：女的有什么建议？

27. 女：这个暑假你想去实习？
   男：是，我已经投了好几份简历，正在等消息呢。
   女：我也有这个打算，有实习经验的话，毕业后好找工作。
   男：是呀，现在用人单位基本上都要求有一定的工作经验。
   问：男的打算暑假做什么？

28. 男：你怎么买了这么多书啊？
   女：书店正在搞活动，满一百返二十，所以我一下子买了很多。
   男：都是些什么书啊？
   女：大部分是关于如何投资的。
   问：女的为什么买了很多书？

29. 女：你这么兴奋，天上掉馅儿饼啦？
   男：差不多吧，我的那个教材项目领导已经同意了，批下来了。
   女：真的？恭喜你！真是"功夫不负有心人"啊。
   男：谢谢你！
   问：男的为什么很兴奋？

30. 男：把遥控器给我。
   女：爸，别换频道，马上就是网球决赛了。
   男：我看一下天气预报，一会儿就好。
   女：好吧。
   问：女的想看什么节目？

第 31 到 32 题是根据下面一段话：

一家公司的总经理把部门主任找来说："有人想收购我们公司，你要想办法把我们的股票价格抬高，让他们买不起。我不管你用什么办法，只要能达到目的就行！"第二天，该公司股票的价格上涨了五个点。第三天又上涨了五个点。总经理非常满意，问部门主任："你是怎么做到的？""我放了一个假消息。""什么假消息？""我说您快要辞职了。"

31．总经理有什么要求？
32．部门主任放了一个什么消息？

第 33 到 35 题是根据下面一段话：

一位母亲给她三岁的孩子买了一个漂亮的气球。孩子开心地抓着系在气球上的那根细线，在路上跑着跳着。不知怎的，一不小心，手一松，气球往天空飞去了。

孩子伤心地哭了起来。这时，母亲蹲下身子，以一种愉快的声调对他说："瞧，宝贝儿，气球的妈妈喊它回家吃饭了，你还不赶快和它说再见！"

听了妈妈的话，孩子觉得很新奇，立即不哭了，举起胖胖的小手，向着升上天的气球，大声喊道："再见，再见。"可爱的脸上，充满了天真的笑容。

33．孩子为什么哭？
34．母亲是怎么安慰孩子的？
35．关于那位母亲，可以知道什么？

第 36 到 38 题是根据下面一段话：

我曾租过一套公寓。那时，左右两家租住的也是和我一样的年轻人，可是他们都是一进门就把门紧紧关上了。我一直都没机会认识他们。一天，我主动敲开了一扇紧闭的门。短暂的惊讶之后，是轻松而愉快的聊天儿。就这样我认识了三个和我同龄的男孩子。后来，通过敲门，我又认识了另一户，一个学画画儿的女孩子。大家熟悉之后，交往也随意了很多。有一次闲聊中，我责备他们以前为什么总是关着门，对方大笑：你不也总是关着门吗？原来如此，交往中，别人的反应是一面镜子，照出了我们的行为。责备别人冷淡，其实是自己的态度吓退了别人。很多时候是你自己把门关上了，别人才同样关上了门。

36．说话人是怎么认识邻居的？
37．几个年轻人认识后相处得怎么样？
38．这段话主要想告诉我们什么？

第39到41题是根据下面一段话：

人生的道路有千百条，但每一条路都只通向一个目标。一个人，不可能同时向南又向北。路只能一步一步地走，目标只能一个一个地实现。你如果什么都想要，最终可能什么也得不到。太多的幻想，往往使人不知如何选择。当你还在举棋不定时，别人或许已经到达目的地了。

目标是指路明灯。人生没有目标，就没有坚定的方向。在人生的竞赛场上，一个人无论多么优秀，如果没有一个明确的人生目标，也很难取得事业上的成功。许多人并不缺少信心、能力、智力，之所以没有成功，只是因为没有确立目标或没有选准目标。

39. 关于人生的道路，可以知道什么？
40. 这段话中的"举棋不定"是什么意思？
41. 这段话主要想告诉我们什么？

第42到43题是根据下面一段话：

没有天敌的动物往往最先消失，有天敌的动物则会逐步壮大。大自然中的这一现象在人类社会也同样存在。敌人的力量会让一个人发挥出巨大的潜能，创造出惊人的成绩。尤其是当敌人强大到足以威胁到你的生命的时候，你一刻不努力，你的生命就会有万分的惊险。在你的人生中，一定会遇到各种各样的对手，不必过于担心，因为敌人是一把双刃剑，可能对你造成威胁，但也可能成为你进取的动力。

42. 对手对我们有什么意义？
43. 这段话主要想告诉我们什么？

第44到45题是根据下面一段话：

在武汉进行的男篮亚锦赛上，人们很关注担任解说嘉宾的姚明。"很专业，挺幽默，如果声调再高一点点就好了。"这是人们对他的评价。姚明的思维颇为敏捷，口才也相当优秀，虽然没有接受过正规的主持训练，但是解说比赛有自己独特的风格。虽然已经不再打篮球了，但篮球水平高超的姚明，对球场上的现象，点评及时而准确，很有预见性。

44. 人们怎么评价姚明？
45. 关于姚明，下列哪项正确？

听力考试现在结束。

H51221 卷答案

一、听 力

第一部分

1. A	2. D	3. C	4. B	5. D
6. C	7. B	8. B	9. A	10. C
11. C	12. A	13. B	14. A	15. B
16. A	17. D	18. A	19. A	20. A

第二部分

21. C	22. C	23. C	24. A	25. D
26. A	27. D	28. B	29. D	30. C
31. C	32. B	33. C	34. C	35. B
36. A	37. B	38. A	39. D	40. C
41. C	42. A	43. B	44. C	45. C

二、阅 读

第一部分

46. B	47. D	48. B	49. A	50. C
51. B	52. D	53. A	54. A	55. B
56. D	57. B	58. D	59. B	60. B

第二部分

61. A	62. D	63. A	64. C	65. D
66. D	67. B	68. D	69. A	70. D

第三部分

71. C	72. D	73. C	74. B	75. C
76. C	77. A	78. A	79. B	80. C
81. D	82. D	83. B	84. B	85. C
86. D	87. A	88. D	89. D	90. D

三、书 写

第一部分

91. 这次展览的规模特别大。
92. 有些数据已经被删除了。
93. 项目进行得相当顺利。
94. 她对古典文学很有研究。
95. 请将手机调成振动状态。
96. 我把收据放在信封里了。
97. 他们双方的表现都很出色。
98. 丝绸的价格涨了近一倍。

第二部分

（略）

汉 语 水 平 考 试
HSK（五级）

H51222

注　意

一、HSK（五级）分三部分：

    1. 听力（45题，约30分钟）

    2. 阅读（45题，45分钟）

    3. 书写（10题，40分钟）

二、**听力结束后，有5分钟填写答题卡。**

三、全部考试约125分钟（含考生填写个人信息时间5分钟）。

中国　北京　　　　　　　　　　孔子学院总部/国家汉办　编制

一、听 力

第一部分

第1-20题：请选出正确答案。

1. **A** 晒黑了
   B 过敏了
   C 失眠了
   D 后悔了

2. **A** 酒吧
   B 机场
   C 邮局
   D 火车站

3. **A** 女的在问路
   B 男的迷路了
   C 他们在划船
   D 他们走错方向了

4. **A** 在实习
   B 论文没写完
   C 做过志愿者
   D 在办出国手续

5. **A** 硬盘摔坏了
   B 软件升级了
   C 电脑中毒了
   D 手机没信号

6. **A** 想辞职
   B 是新来的
   C 表现出色
   D 负责产品宣传

7. **A** 戒指太贵
   B 房子没装修
   C 婚礼很豪华
   D 男的9月中旬结婚

8. **A** 吃饱了
   B 减肥很成功
   C 现在不想吃肉
   D 吃蔬菜更健康

9. **A** 是华裔
   B 会弹钢琴
   C 对人热情
   D 物理很好

10. **A** 水洒了
    B 没带伞
    C 没关窗户
    D 衣服湿了

11. **A** 不够活泼
    B 动画效果差
    C 内容不丰富
    D 图片不吸引人

12. **A** 看广告
    B 通过中介
    C 朋友介绍
    D 亲自找房东

13. A 缺少设备
B 计划通过了
C 资金到账了
D 要抓住机会

14. A 会议取消了
B 比赛还没结束
C 他们在打排球
D 考试时间推迟了

15. A 想散步
B 想现在下车
C 前面堵车了
D 没拿到驾照

16. A 需要运气
B 要认真仔细
C 要符合所学专业
D 收入不是最关键的

17. A 退票
B 存包
C 买零食
D 买矿泉水

18. A 东西送错了
B 收据不见了
C 男的没带名片
D 女的收到包裹了

19. A 设置密码
B 修改地址
C 确认数量
D 下载文件

20. A 预期目标
B 指导原则
C 最终成果
D 适用对象

第 二 部 分

第 21-45 题：请选出正确答案。

21. **A** 有点儿薄
    B 价格太高
    C 很难清洗
    D 颜色不合适

22. **A** 很苗条
    B 经常咳嗽
    C 动作灵活
    D 打算坚持锻炼

23. **A** 秘书
    B 律师
    C 设计师
    D 摄影师

24. **A** 想贷款
    B 预订会场
    C 取消订餐
    D 表示抱歉

25. **A** 买保险
    B 买股票
    C 办签证
    D 办执照

26. **A** 要去留学
    B 想多陪陪家人
    C 想专心写小说
    D 不喜欢现在的老板

27. **A** 整体不错
    B 结构有问题
    C 不需要修改
    D 可以发表了

28. **A** 文件丢了
    B 王会计请假了
    C 班主任迟到了
    D 合同要重新做

29. **A** 男的在结账
    B 优惠券过期了
    C 酒店今天不营业
    D 女的忘了开发票

30. **A** 胶水用完了
    B 照片可以打印
    C 简历信息不完整
    D 照片大小可以调整

31. **A** 合影
    B 签名
    C 拍电影
    D 采访他的家人

32. **A** 穿得很朴素
    B 拿过很多奖
    C 不希望家人被打扰
    D 没理解记者的意思

33. A 非常骄傲

B 很容易遇到

C 可以成为师友

D 喜欢回忆过去

34. A 他们喜欢骗人

B 他们脾气不好

C 他们要求太多

D 他们会伤害我们

35. A 多接触

B 和平相处

C 保持距离

D 公平竞争

36. A 是同学

B 很佩服对方

C 是多年的邻居

D 以前关系不太好

37. A 获得了升职机会

B 接受了经理的建议

C 听到了别人的赞美

D 发现了自己的不足

38. A 很乐观

B 十分幽默

C 是工程师

D 巧妙地解决了矛盾

39. A 买救生圈

B 到海里去

C 先学抓鱼

D 做准备活动

40. A 胳膊受伤了

B 想换个教练

C 担心海水太冷

D 最终也没学会游泳

41. A 要勇于实践

B 学游泳需要耐心

C 要不断完善自己

D 一切从实际出发

42. A 关注你

B 怀疑你

C 在考虑你的请求

D 对话题不感兴趣

43. A 谈判的艺术

B 怎样说服对方

C 如何取得别人的信任

D 眼睛在交流中的作用

44. A 很谨慎

B 年纪最大

C 技术不熟练

D 未被公司录取

45. A 安全第一

B 目标要明确

C 别急于下结论

D 不要过分追求完美

二、阅 读

第一部分

第46-60题：请选出正确答案。

46-48.

每个人都会或多或少地遇到各种压力，可是，压力可以是阻力，也可以变为动力，就看自己 __46__ 去面对。当遇到压力时，比较明智的办法是采取积极的态度来面对。实在 __47__ 不了的时候，也不要让自己陷入其中，可以通过看看书、听听音乐等 __48__ ，让心情慢慢放松下来。再重新去面对时，你可能就会发现压力其实也没那么大。

46. **A** 一旦　　　**B** 如何　　　**C** 未必　　　**D** 随时
47. **A** 担任　　　**B** 承认　　　**C** 对待　　　**D** 承受
48. **A** 项目　　　**B** 因素　　　**C** 方式　　　**D** 形势

49-52.

在职业棒球队中，一个击球手的平均命中率是0.25，也就是每4个击球机会中，能打中一次，就可以进入一 __49__ 不错的球队当一个二线队员，而一个平均命中率超过0.3的队员则是响当当的大明星了。

每个赛季结束时，平均成绩 __50__ 0.3的人，除了可以享受到棒球界的最高礼遇外，还会得到很大一笔奖金。是的，伟大的击球手与二线球手之间的差距其实很小，只有1/20。每20个击球机会，二线队员能击中5次，而明星级运动员能击中6次——仅仅是一球之差！ __51__ ，你我都是一名队员，那些明星级运动员与普通二线队员间的差别只有一个球。换言之，从"不错"到"极致" __52__ 只需要一小步。

49. **A** 支　　　**B** 幅　　　**C** 片　　　**D** 节
50. **A** 充满　　　**B** 达到　　　**C** 构成　　　**D** 形成
51. **A** 虚心使人进步　　　　　　　　**B** 失误是很难避免的
　　C 人生就像一场棒球赛　　　　　**D** 我们要保持自身的优势
52. **A** 往往　　　**B** 再三　　　**C** 反复　　　**D** 悄悄

53-56.

一天晚上，神突然出现在一个小村子里。村子里的人都满怀希望，__53__神带给他们什么宝贝。"你们多捡一些石头，放在你们的袋子里。明天晚上，你们会非常高兴，但也会非常后悔。"神说完，就消失了。__54__，他们原以为神能给他们带来一些__55__的东西，但没想到神却让他们去做这样一件没有丝毫意义的事。但是不管怎样，他们还是__56__捡了一些小石头放在袋子里。到了第二天晚上，他们忽然发现昨天放进袋子里的石头竟然都变成了黄金。他们高兴极了，同时也都后悔极了，后悔没有捡更多的石头。

53. A 怀念　　　B 感激　　　C 期待　　　D 企图
54. A 村民们非常好奇　　　　　　B 村民们显得很兴奋
　　 C 村民们感到非常失望　　　　D 村民们突然紧张起来
55. A 周到　　　B 宝贵　　　C 悠久　　　D 发达
56. A 相对　　　B 平均　　　C 各自　　　D 其余

57-60.

有两只蚂蚁想翻越一段墙，去墙那头儿__57__食物。一只蚂蚁来到墙脚就毫不犹豫地向上爬去，可是每当它爬到一半儿时，就会由于劳累而摔下来。可是它没有__58__，一次次跌下来，又迅速地调整自己，重新开始向上爬去。

另一只蚂蚁观察了一下，决定绕过墙去。很快，这只蚂蚁沿着墙根绕过墙，来到食物前，__59__；而第一只蚂蚁还在不停地跌落下去又重新开始。

很多时候，成功除了勇敢、坚持不懈外，更需要方向。也许有了一个好的方向后，成功会来得比__60__的更快。

57. A 征求　　　B 寻找　　　C 打听　　　D 询问
58. A 盼望　　　B 操心　　　C 灰心　　　D 吃亏
59. A 闻起来真香　　　　　　　　B 开始享用起来
　　 C 不想再前进一步　　　　　　D 和另一只蚂蚁有了矛盾
60. A 想象　　　B 提倡　　　C 强调　　　D 假装

第二部分

第61-70题：请选出与试题内容一致的一项。

61. 不要试着改变丈夫或妻子的生活习惯，因为他们已经这样生活二三十年了。正如中国古话所说"江山易改，本性难移"，要他们改变自己，按照你的要求来生活是非常难做到的，你要做的应该是适应对方。

A 性格决定命运
B 夫妻间要相互信任
C 要了解自己的长处
D 要尊重彼此的生活习惯

62. 俗话说"黄山四季皆胜景，唯有腊冬景更佳"，所以冬天是黄山赏景的最佳时期。冬季到黄山，上山可以赏雪看云海，下山可以泡温泉，再加上沿途的奇松、怪石等景观，使得黄山的冬季之旅别具特色。

A 黄山四季如春
B 秋季黄山游客最多
C 黄山夏季常常能见到彩虹
D 冬季是黄山旅游的最好时节

63. 研究者对5000多名调查对象的体检结果以及生活饮食习惯、心理和社会因素问卷调查结果进行分析后发现，情绪是影响人们进食的关键因素。无论男女，情绪化进食均易导致肥胖，而且这一现象在女性中更为普遍。研究还发现，心情抑郁者更容易情绪化进食，且更难坚持体育锻炼，因此更易肥胖。

A 环境对健康影响很大
B 男性比女性更容易肥胖
C 情绪与肥胖程度密切相关
D 饮食不规律容易引起胃病

64. 有一个著名的理论：人的差别在于业余时间，而一个人的命运决定于晚上8点到10点之间。每晚抽出两个小时的时间用来阅读、思考或参加有意义的演讲、讨论，你会发现，你的人生正在发生改变，坚持数年之后，成功便会向你招手。

A 人要学会珍惜
B 好习惯要从小培养
C 要充分利用业余时间
D 喜欢读书的人更聪明

65. 紫色和紫红色的土壤，通称为紫色土。紫色土土层浅薄，通常不到50厘米，超过1米者甚少，但却富含钙、磷、钾等微量元素，很是肥沃。四川盆地是中国紫色土壤分布最集中的地区，所以四川盆地又被称为"紫色盆地"。

    A 紫色土土层较厚
    B 紫色土蓄水能力强
    C 紫色土不适合种粮食
    D 紫色土集中分布在四川盆地

66. 有些人总是寄希望于明天，等到明天变成昨天，却说："如果我能重来一次……"太多人被"如果"带走了理想、渴望、荣誉……最终他们一事无成。正确地估计形势，抓住现在，才能有所作为。犹豫一分钟，必将失去60秒。所以，现在就行动吧！

    A 明天会更好
    B 要把握住现在
    C 要记住昨天的教训
    D 理论和实践密不可分

67. 寒潮是一种灾害性天气，人们习惯把它称为寒流。所谓寒潮，就是北方的冷空气大规模地向南侵袭，使气温在24小时内迅速下降8℃以上的天气过程。寒潮过境时，常伴有雨、雪或大风。寒潮一般多发生在冬季、秋末和初春时节。

    A 寒潮不会造成任何危害
    B 寒潮发生时昼夜温差小
    C 寒潮是冷空气南下造成的
    D 人们可以预防寒潮的发生

68. 常言道："男儿有泪不轻弹。"长期以来，人们一直认为，哭泣是胆小、脆弱的表现，尤其对男人更是如此。然而，当我们强忍泪水，听凭痛苦和悲伤伤害身体时，其实是拒绝了一种健康的宣泄方式。流泪是缓解精神负担的有效方法，它可以舒缓情感、释放压力。

    A 男人不应该哭
    B 哭泣的原因有很多
    C 女人的承受能力较强
    D 适当的哭泣对身体有好处

69. 为了自我保护，树木需要休眠。而越冬休眠时，树木本身也需要养分。为了调节体内平衡，很多树都需要落叶，以减少水分和养分的消耗，储蓄能量，等到条件适宜时再重新长出叶子。而一些松柏类的树木因为叶片像针尖一样，消耗的水分、养分特别少，所以能保持常绿。

   A 松柏不需要休眠
   B 树木落叶会损失养分
   C 树木休眠时不需要养分
   D 落叶是树木自我保护的一种方式

70. 人生就是一道又一道的选择题。选对老师，聪明一生；选对朋友，相扶一生；选对爱人，甜蜜一生；选对环境，舒适一生；选对行业，幸福一生。所以，最关键的就是选择一条正确的路去走。

   A 人生处处有选择
   B 勤奋努力很重要
   C 做人要言出必行
   D 做事要分轻重缓急

第三部分

第71-90题：请选出正确答案。

71-74.

　　春天，南雁北归。我们会在天空中看到大雁或者排成"一"字，或者排成"人"字，结伴而行。它们这样飞行，是因为编队能够发挥"空气动力学"的作用，在消耗相同能量的条件下，一只大雁随一群大雁排队飞行，能比它单独飞行多飞70%的路程。这就是团队的力量。

　　但是团队力量讲求的是组成团队的每一个单元都尽心尽力，而不是等团队创造出成绩后自己去捡便宜。试想如果每只大雁都<u>消极怠工</u>，不奋力飞行，那么"一"字形、"人"字形的队形恐怕难以形成，也不会产生协同效应。只有每只大雁在自己的位置上认真飞行，尽职尽责，整个团队才能飞得更高、飞得更远。

71. 大雁编队飞行主要是为了：
 A 更省力　　　　　　　　　　B 避免走错路
 C 便于发现天敌　　　　　　　D 可以相互取暖

72. 第2段中的"消极怠工"最可能是什么意思？
 A 看问题悲观　　　　　　　　B 不重视细节
 C 不积极工作　　　　　　　　D 妨碍别人工作

73. 根据上文，下列哪项正确？
 A 幼雁飞在最前面　　　　　　B 大雁很关心同伴
 C 大雁很爱惜羽毛　　　　　　D 大雁的队形很科学

74. 上文主要想告诉我们：
 A 团结力量大　　　　　　　　B 距离产生美
 C 经验要慢慢积累　　　　　　D 要勇敢面对困难

75-78.

　　一个沿街流浪的乞丐每天总在想，假如我手里有几万块钱就好了。一天，这个乞丐无意中发现了一只跑丢的小狗，乞丐觉得小狗很可爱，便把它抱回了自己住的地方。

　　这只狗的主人是当地有名的大富翁。这位富翁丢失爱犬后十分着急，于是便在当地遍发寻狗启事："如有找到者，请速归还，酬金两万元。"

　　第二天，乞丐沿街行乞时，看到了这则启事，便迫不及待地抱着小狗去领那两万元酬金。可当他抱着小狗又路过贴启事的地方时，他发现启事上的酬金已变成了 3 万元。原来，大富翁找不到狗，又把酬金提高到了 3 万元。

　　乞丐几乎不敢相信自己的眼睛，向前的脚步突然间停了下来，想了想又转身将狗抱回去了。第三天，酬金果然又涨了，第四天又涨了，直到第七天，酬金涨到了让人们都感到惊讶时，乞丐这才跑回去抱狗。可没想到的是，那只可爱的小狗已被饿死了。

　　很多东西并不是我们无缘得到，而是我们的期望太高，往往在刚要接近一个目标时，又会突然转向另一个更高的目标，到头来一无所得。

75. 富翁丢狗后：
　　A 非常生气　　　　　　　　B 假装不知道
　　C 花重金寻找　　　　　　　D 请警察帮忙

76. 为什么乞丐没有立即归还那只狗？
　　A 小狗跑掉了　　　　　　　B 他非常喜欢那只狗
　　C 他想得到更多的酬金　　　D 他怕富翁舍不得付钱

77. 根据上文，下列哪项正确？
　　A 小狗很调皮　　　　　　　B 乞丐很有爱心
　　C 富翁很感激乞丐　　　　　D 乞丐没得到一分钱

78. 上文主要想告诉我们什么？
　　A 要乐于助人　　　　　　　B 要学会满足
　　C 钱多不一定幸福　　　　　D 得不到的才是最好的

79-82.

一位诗人写了不少的诗，也有了一定的名气，可是，他还有相当一部分诗没有发表，也无人欣赏。为此，诗人很苦恼。诗人有位朋友，是位智者。一天，诗人向智者说了自己的苦恼。智者笑了，指着窗外一株茂盛的植物说："你看，那是什么花？"诗人看了一眼说："夜来香。""对，这夜来香只在夜晚开放，夜晚开花，并无人注意，它开花，只是为了取悦自己。"诗人吃了一惊："取悦自己？"智者笑道："白天开放的花，都是为了引人注目，得到赞赏。而这夜来香，在无人欣赏的情况下，依然开放，它只是为了让自己快乐。一个人，难道还不如一株植物？"

许多人，总是把让自己快乐的钥匙交给别人，自己所做的一切，都是在做给别人看，让别人来赞赏，仿佛只有这样才能快乐起来。其实，人不是活给别人看的，而是应为自己而活。

79. 诗人为什么苦恼？
  A 稿费太少了　　　　　　　　**B** 朋友不理解他
  C 很多诗没人欣赏　　　　　　**D** 不懂养花的技巧

80. 关于夜来香，可以知道什么？
  A 夜晚开花　　　　　　　　　**B** 是一种香料
  C 只开花不结果　　　　　　　**D** 在野外很常见

81. 上文中"取悦自己"的意思是：
  A 责备自己　　　　　　　　　**B** 让自己开心
  C 发现自己的优点　　　　　　**D** 让自己变得坚强

82. 最适合做上文标题的是：
  A 窗外的绿叶　　　　　　　　**B** 诗人的花园
  C 夜来香的快乐　　　　　　　**D** 月光下的故事

83-86.

商人和儿子赶着驴去集市上买东西。

刚走出不远，便有人冲他们喊："你们傻不傻啊？有驴不骑却走路。"商人一听有理，连忙让儿子骑上了驴，自己则跟在后面。

没过多久，他们遇上一位老人。老人见此情景，叹息道："唉，年轻力壮的儿子骑着驴，却让自己的老父亲走着，真是不孝啊！"商人一听这话也有理，便让儿子下来，自己骑到了驴上。

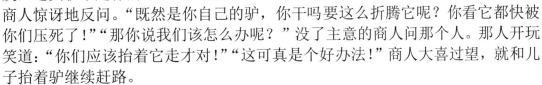

又走出两三里地，一个妇女很奇怪地问商人："你怎么能自己骑驴，让你的儿子跟在后面走呢？"听了妇女的话，商人觉得委屈极了，但为了不让别人再笑话自己，他立刻把儿子也抱到了驴背上。

谁知刚走几步，又有一个人大声地问他们："朋友，这头驴不是你的吧？""是我的啊，怎么了？"商人惊讶地反问。"既然是你自己的驴，你干吗要这么折腾它呢？你看它都快被你们压死了！""那你说我们该怎么办呢？"没了主意的商人问那个人。那人开玩笑道："你们应该抬着它走才对！""这可真是个好办法！"商人大喜过望，就和儿子抬着驴继续赶路。

但没走出一里地，他们俩便都累得筋疲力尽了。当他们停下来休息时，却发现后面跟着一群看热闹的人，其中有些人还唧唧喳喳地说："真是两个大傻瓜！""我怎样做你们才肯满意！"商人委屈至极。

正所谓"众口难调"，如果有谁妄想做到"人人都满意"，他只会遭遇一种结果——自己过得不开心，周围人也都不满意。

83. 根据第3段，那个老人：
  A 摔倒了
  B 很小气
  C 想买驴子
  D 认为商人的儿子不孝顺

84. 那个妇女觉得商人：
  A 太狡猾
  B 很勤劳
  C 十分自私
  D 非常善良

85. 为什么有人怀疑这头驴不是商人的？
  A 驴的售价很低
  B 商人抬着驴走
  C 父子俩都骑在驴上
  D 驴好几天没吃东西了

86. 上文主要想告诉我们：
  A 考虑问题要全面
  B 要坚持自己的想法
  C 要照顾别人的感受
  D 要有丰富的想象力

87-90.

　　自信是孩子成长过程中必不可少的基本元素。尊重、鼓励与赞许是对孩子最大的信任，是培养孩子自信心的前提。

　　父母要尊重孩子的选择、感情与意见，并在行动中帮助他们建立自信心。父母应该从多方面来关心了解他们，对其爱好和所提的问题甚至他们的朋友，都应该表示感兴趣。要通过间接的方式使孩子认识到自己的不足，同时要使孩子在融洽的家庭气氛中，体验到自己的意见已受到尊重。

　　当孩子试图去解决一个问题或完成一项任务如洗衣服、打扫卫生时，千万不要干涉他们，如说"这件事你干不了"等。干涉往往表示一种暗含的批评。当孩子遇到困难时，父母应引导他们冷静分析，鼓励他们去勇敢地尝试，不要训斥、讽刺或说什么"你怎么这么笨"等会刺伤孩子自尊的话。总说这种话会导致孩子低估自己的能力，逐渐变得胆小、自卑和依赖他人。当孩子请求帮助时，父母也不要包办代替，而应该表示相信孩子的能力。同时，父母也可以用建议的形式提出意见。

　　当孩子完成某项任务并获得成功时，父母应及时给予表扬与赞许，使他们从中体会到成功的喜悦。有一位父亲，发现自己的女儿学习虽不是很好，却非常爱下棋，且经常战胜成年人。于是，他抓住孩子的这一长处，指出其棋艺高超是努力的结果，启发她将这种精神运用到学习和其他活动中，这对于培养孩子在其他活动中的自信心同样具有积极的作用。

87. 对于孩子的缺点，父母应该：
　　A 严厉批评　　　　　　　　B 间接指出
　　C 与老师沟通　　　　　　　D 咨询心理专家

88. 当孩子试着去完成某项任务时，父母：
　　A 应鼓励他们去做　　　　　B 告诉他们自己的经验
　　C 要帮助孩子一起完成　　　D 应适当增加任务难度

89. 第4段举那位父亲的例子主要是为了说明：
　　A 表扬的作用　　　　　　　B 有效沟通的重要性
　　C 尊重孩子的必要性　　　　D 发展课外兴趣的好处

90. 上文主要谈什么？
　　A 怎样同孩子交朋友　　　　B 怎样提高孩子的成绩
　　C 如何让孩子学会独立　　　D 如何培养孩子的自信心

三、书 写

第一部分

第 91-98 题：完成句子。

例如：发表   这篇论文   什么时候   是   的

  这篇论文是什么时候发表的？

91. 方案   很详细   设计   得

92. 每天可以   1000 名顾客   接待   这个餐厅

93. 夫妻   上年纪的   一对   隔壁   住着

94. 她   已经 10 年   出版工作   从事   了

95. 为   不要   自己的错误   找借口

96. 不可再生   煤   一种   是   能源

97. 大家   叫他   都   胆小鬼   难怪

98. 一批   那家工厂   购买了   新设备

第二部分

第 99-100 题：写短文。

99. 请结合下列词语（要全部使用，顺序不分先后），写一篇 80 字左右的短文。

　　聚会　碰见　开心　曾经　改变

100. 请结合这张图片写一篇 80 字左右的短文。

H51222 卷听力材料

大家好！欢迎参加 HSK（五级）考试。
大家好！欢迎参加 HSK（五级）考试。
大家好！欢迎参加 HSK（五级）考试。

HSK（五级）听力考试分两部分，共 45 题。
请大家注意，听力考试现在开始。

第一部分

第 1 到 20 题，请选出正确答案。现在开始第 1 题：

1. 女：一个礼拜不见，你怎么变得这么黑？
   男：晒的，我和朋友去海南玩儿了几天。
   问：男的怎么了？

2. 男：这是机票，你拿好。
   女：谢谢，多亏你送我过来，不然我真没法儿准时到机场。
   问：他们现在在哪儿？

3. 女：您好！请问去国家博物馆是朝这个方向走吗？
   男：对，你走到第二个红绿灯，向右拐就到了。
   问：根据对话，下列哪项正确？

4. 男：出国手续办好了？
   女：没，还有些材料没准备好，看来得等到五月底了。
   问：关于女的，可以知道什么？

5. 女：我也安装了这个软件，为什么没有你那个功能呢？
   男：这个软件已经升级了，我这是最新的版本。
   问：根据对话，可以知道什么？

6. 男：你就坐这儿吧，以后有什么问题，可以随时来找我，我就在隔壁办公。
   女：好的，谢谢张主任。
   问：关于女的，可以知道什么？

7. 女：婚礼的日期定了吗？
   男：定了，我们想九月十六号举行婚礼，那时天气不冷也不热。
   问：根据对话，下列哪项正确？

8. 男：还是得吃点儿肉，光吃蔬菜营养不够。
   女：我知道，别担心。等我瘦下去了一定会吃的。
   问：女的是什么意思？

9. 女：听说咱们班新来的那个同学是华裔。
   男：是吗？难怪他汉语说得那么好。
   问：关于新来的同学，可以知道什么？

10. 男：打雷了，估计快要下雨了。
    女：糟糕，我没带伞。天气预报也没说今天要下雨啊。
    问：女的为什么说"糟糕"？

11. 女：经理，网站的风格我又调整了一下。
    男：我看了，还是不太理想。要注意用户需求，这个网站是针对儿童的，
        要再活泼一点儿。
    问：男的觉得那个网站怎么样？

12. 男：这房子真不错，你是直接找房东租的吗？
    女：不是，我当时找了一家中介，和他们签的合同。
    问：女的是怎么租到房子的？

13. 女：这样做太冒险了，这笔钱可不是个小数目，我们再想想吧。
    男：我觉得这是个投资的好机会，再犹豫，机会可就没了。
    问：男的是什么意思？

14. 男：踢得太棒了！咱们班肯定能赢。
    女：是，只要继续保持这种状态，冠军肯定是我们的！
    问：根据对话，下列哪项正确？

15. 女：前面胡同太窄，不好倒车，我在这儿下车就可以。
    男：好吧，那我就不开进去了，你到家给我发个短信吧。
    问：女的是什么意思？

16. 男：这是你的第一份工作，挣钱多少是次要的，主要还是积累经验。
    女：我知道了，爸。
    问：关于第一份工作，男的有什么看法？

17. 女：趁开幕式还没开始，我去买两瓶矿泉水。
    男：就剩十分钟了，别去了，来不及了。
    问：女的要去做什么？

18. 男：您检查一下包裹，如果没有问题，请在这儿签个字。
    女：好，我先打开看看。
    问：根据对话，下列哪项正确？

19. 女：现在请您设置一下密码，是六位数字，输入后请按确认键。
    男：好的，谢谢。
    问：女的让男的做什么？

20. 男：这两种方案其实很相似，除了实施的步骤，其他几乎都一样。
    女：我倒不这么认为，我觉得它们首先在预期目标上就有很大的不同。
    问：女的认为两种方案的不同之处在哪儿？

第二部分

第 21 到 45 题，请选出正确答案。现在开始第 21 题：

21. 女：这条围巾不错，很柔软，摸起来很舒服。
    男：您真有眼光，这是纯手工制作的。
    女：可是红色太艳了，还有别的颜色吗？
    男：有，还有紫色和灰色的，我拿给您看看。
    问：女的觉得那条围巾怎么样？

22. 男：昨天去健身房了？感觉如何？
    女：别提了，今早起来腰酸背疼的。
    男：你平时太缺乏锻炼了。
    女：是，所以我决定以后每天都去。
    问：关于女的，可以知道什么？

23. 女：你现在在做室内设计？
    男：是，我本科的专业就是室内设计。
    女：不错，以后我家要是装修房子，一定请你来设计。
    男：没问题。
    问：男的是做什么的？

24. 男：喂，是平安酒店吧？我们公司十二月底开年会，想在你们那儿预订一个宴会厅。
　　女：请问贵公司年会规模有多大？多少人参加？
　　男：四百人左右。我们这两天可以去看一下吗？
　　女：当然可以，您来之前给我打个电话就行。
　　问：男的打电话做什么？

25. 女：您好，请问有什么可以帮您的吗？
　　男：你好，我想咨询一下人身意外保险的事情。
　　女：是给您自己投保，还是给家人？
　　男：给我和我妻子。
　　问：男的想咨询什么问题？

26. 男：实际上我一直在犹豫，要不要辞职专门在家写小说。
　　女：你现在的工作很稳定，辞了多可惜。
　　男：当职业作家是我的梦想。可现在我只能下班后写，总觉得精力不够。
　　女：你说得也对，如果你真的决定了，那就试试吧。
　　问：男的为什么想辞职？

27. 女：高老师，不好意思，刚才信号不好，我没听清楚。
　　男：你的论文整体还可以，就是有些小错误，修改意见我发到你的邮箱里了。
　　女：好的，老师，我改完马上发给您。
　　男：好。
　　问：男的认为女的论文怎么样？

28. 男：你把这个项目的材料交给王会计。
　　女：她今天请假了，她女儿发烧。
　　男：那先放你这儿，等她回来后请你交给她。
　　女：好的。
　　问：根据对话，下列哪项正确？

29. 女：先生，您一共消费了五百六十八，您刷卡还是付现金？
　　男：现金。这个优惠券可以用吗？
　　女：可以，满一百减三十，减完之后是……四百一十八元。
　　男：好的，给你。
　　问：根据对话，下列哪项正确？

30. 男：你有胶水吗？借我用一下。
　　女：你要胶水做什么？
　　男：简历上不是得贴照片吗？
　　女：你没有电子版的照片吗？直接放在简历上，打印出来就行了。
　　问：女的是什么意思？

第 31 到 32 题是根据下面一段话：

有个记者向某著名演员提出要求说："我想采访您的妻子和儿子。"那位演员笑着说："他们除了是我的妻子和儿子外，和别人没太大的区别，所以，还是不要采访他们了。"记者紧接着说："您作为一个公众人物，大家很想了解您的另一面，您不让采访怎么行呢？"听完这话，演员把身子一转，背对着那位记者说："你想了解我的另一面？好，请看，这就是我的另一面。"

31．记者向那位演员提出了什么要求？
32．关于那位演员，可以知道什么？

第 33 到 35 题是根据下面一段话：

每一个人都会在自己的生命旅程中，遇到完全不同的"三种人"。第一种是能够理解、欣赏和重视自己的人；第二种是曲解、排斥甚至伤害自己的人；第三种是与自己没有任何关系、毫不重要的人。第一种人对自己有很大帮助，应当尊为师友，尽力报答。第二种人会对自己造成深深的伤害，需要远离，而不是为之烦恼。至于第三种人，要以礼相待、和平共处。

33．关于第一种人，可以知道什么？
34．我们为什么要远离第二种人？
35．怎样对待第三种人？

第 36 到 38 题是根据下面一段话：

同在一家公司的张小姐和苏小姐关系一直不好。
有一天，张小姐忍无可忍地对另一个同事李先生说："你去告诉苏小姐，我真受不了她，请她改改她的坏脾气，否则没有人愿意理她。"
李先生说："好！我会转告她的。"
没多久，张小姐再遇到苏小姐时，苏小姐果然是既和气又有礼貌，与从前相比，简直判若两人。
张小姐向李先生表示谢意，并好奇地问他："你是怎么说的？竟如此有效。"
李先生笑着说："我跟她说，张小姐总是称赞你，说你又温柔又善良、脾气也好。如此而已。"

36．关于张小姐和苏小姐，可以知道什么？
37．苏小姐为什么变化那么大？
38．关于李先生，下列哪项正确？

第 39 到 41 题是根据下面一段话：

有一个人不会游泳，他向一位水手求教。水手告诉他游泳是件非常简单的事情，很快就能学会。于是这个人跟着水手来到海边。看到辽阔的大海，水手兴奋地冲进了波涛里，可是这个不会游泳的人还是坐在沙滩上。水手冲他喊道："快过来啊，你不是想学游泳吗？"这个人说："你还没有教会我游泳呢！我怎么能到海里呢？这样太危险了，要是出了差错，谁负责啊？"结果，这个人一直也没有学会游泳。

不下水，永远也学不会游泳；不上公路，永远也学不会开车。一个人需要学习的东西太多了，若是一味害怕、担心，不敢尝试，终究会一事无成。

39．来到海边后，水手让那个人做什么？
40．关于那个人，可以知道什么？
41．这段话主要想告诉我们什么？

第 42 到 43 题是根据下面一段话：

在非语言的交流中，眼睛起着重要的作用。人的眼睛很难做假，人的一切心理活动都会通过眼睛表露出来。因此，你可以通过眼睛的细微变化，来了解和掌握对方的心理状态。一般来说，如果对方一直注视着你，是重视、关注你的表现；如果对方看都不看你一眼，则表示看不起你；如果是斜视，则表达一种不友好的感情；如果是怒目而视，当然表示一种仇视心理；如果对方是说了谎话而心虚的人，往往会避开你的目光。

42．如果对方一直注视着你，说明了什么？
43．这段话主要谈什么？

第 44 到 45 题是根据下面一段话：

某大公司准备以高薪雇佣一名司机，经过层层筛选，只剩下三名技术最好的竞争者。主考官问他们："悬崖边有块儿金子，开着车去拿，你们觉得能开多近同时又不至于掉下去呢？"第一位说："两米。"第二位很有把握地说："半米。"第三位说："我会尽量远离悬崖，越远越好。"结果公司录取了第三位。

44．关于第三位应聘者，下列哪项正确？
45．这段话主要想告诉我们什么？

听力考试现在结束。

H51222 卷答案

一、听 力

第一部分

1. A	2. B	3. A	4. D	5. B
6. B	7. D	8. C	9. A	10. B
11. A	12. B	13. D	14. B	15. B
16. D	17. D	18. D	19. A	20. A

第二部分

21. D	22. D	23. C	24. B	25. A
26. C	27. A	28. B	29. A	30. B
31. D	32. C	33. C	34. D	35. B
36. D	37. C	38. D	39. B	40. D
41. A	42. A	43. D	44. A	45. A

二、阅 读

第一部分

46. B	47. D	48. C	49. A	50. B
51. C	52. A	53. C	54. C	55. B
56. C	57. B	58. C	59. B	60. A

第二部分

61. D	62. D	63. C	64. C	65. D
66. B	67. C	68. D	69. D	70. A

第三部分

71. A	72. C	73. D	74. A	75. C
76. C	77. D	78. B	79. C	80. A
81. B	82. C	83. D	84. C	85. C
86. B	87. B	88. A	89. A	90. D

三、书 写

第一部分

91. 方案设计得很详细。
92. 这个餐厅每天可以接待 1000 名顾客。
93. 隔壁住着一对上年纪的夫妻。
94. 她从事出版工作已经 10 年了。
95. 不要为自己的错误找借口。
96. 煤是一种不可再生能源。
97. 难怪大家都叫他胆小鬼。
98. 那家工厂购买了一批新设备。

第二部分

（略）

孔子学院总部/国家汉办
Confucius Institute Headquarters(Hanban)

汉 语 水 平 考 试
HSK（五级）

H51223

注　　意

一、HSK（五级）分三部分：

    1．听力（45题，约30分钟）

    2．阅读（45题，45分钟）

    3．书写（10题，40分钟）

二、**听力结束后，有5分钟填写答题卡。**

三、全部考试约125分钟（含考生填写个人信息时间5分钟）。

中国　北京　　　　　　　　　孔子学院总部/国家汉办　编制

一、听 力

第一部分

第1-20题：请选出正确答案。

1. **A** 考试没通过
   B 手机没信号
   C 电话欠费了
   D 联系不上李老师

2. **A** 会议取消了
   B 今晚要加班
   C 材料还没打印
   D 感谢大家的帮助

3. **A** 很时髦
   B 颜色太艳
   C 样式简单
   D 价格合适

4. **A** 签合同
   B 出席宴会
   C 参观工厂
   D 主持节目

5. **A** 过敏了
   B 没带驾照
   C 没拿钥匙
   D 忘锁门了

6. **A** 很清淡
   B 太烫了
   C 不够辣
   D 不太新鲜

7. **A** 结账
   B 交罚款
   C 开收据
   D 换零钱

8. **A** 肩膀疼
   B 没做完家务
   C 要去学射击
   D 要去幼儿园接孩子

9. **A** 堵车了
   B 马上到
   C 随时都可以
   D 这儿不能停车

10. **A** 买保险
    B 来取包裹
    C 接受采访
    D 去邮局寄信

11. **A** 正在装修
    B 面积很大
    C 是贷款买的
    D 在单位附近

12. **A** 餐厅
    B 机场
    C 公寓楼下
    D 高速公路上

13. A 喜欢吃梨

    B 不会划船

    C 拍了很多照片

    D 上周去郊区了

14. A 闹钟太吵

    B 房间太暗

    C 可能没电了

    D 要买充电器

15. A 古典文学

    B 窗帘颜色

    C 服装的年代

    D 电视连续剧

16. A 他们迷路了

    B 饭店没营业

    C 排队的人很多

    D 博物馆今天不开门

17. A 友谊第一

    B 要注意细节

    C 输赢不重要

    D 决赛还没开始

18. A 胃

    B 心脏

    C 嗓子

    D 脖子

19. A 历史较长

    B 保存完整

    C 地理位置好

    D 属于少数民族建筑

20. A 美术作品

    B 设计方案

    C 毕业论文

    D 求职简历

第二部分

第21-45题：请选出正确答案。

21. A 在读博士
    B 在北京工作
    C 要出国留学
    D 考上大学了

22. A 听广播
    B 浏览网站
    C 听同学说的
    D 老师通知他了

23. A 缺少吸引力
    B 介绍了很多美食
    C 是关于自然科学的
    D 促进了旅游业的发展

24. A 开心
    B 平静
    C 自豪
    D 无奈

25. A 有病毒
    B 显示器坏了
    C 无法下载文件
    D 装不上那个软件

26. A 标点错误
    B 语法问题
    C 语言风格
    D 文章结构

27. A 在准备婚礼
    B 喜欢穿裙子
    C 开了家服装店
    D 经常上网购物

28. A 存款利息
    B 股票价格
    C 商品价格
    D 人民币汇率

29. A 秘书
    B 班主任
    C 服务员
    D 健身教练

30. A 账目管理
    B 业务咨询
    C 数据分析
    D 市场推广

31. A 气温
    B 天气状况
    C 星星的体积
    D 星星与地球的距离

32. A 马上要下雨
    B 夜里会打雷
    C 第二天有彩虹
    D 第二天可能是晴天

33. A 刺激
   B 紧张
   C 浪漫
   D 遗憾

34. A 误导了他
   B 最初他不相信
   C 支持他游上岸
   D 是父亲告诉他的

35. A 要懂得享受人生
   B 要掌握急救知识
   C 要不断挑战自己
   D 要坚持正确的方向

36. A 很休闲
   B 很独特
   C 显得稳重
   D 比较保暖

37. A 让人兴奋
   B 显得年纪小
   C 缓解眼部疲劳
   D 让人觉得亲切

38. A 更愤怒
   B 更活跃
   C 有些不耐烦
   D 容易冷静下来

39. A 怎样安排空余时间
   B 如何提高学习效率
   C 怎样获得别人的肯定
   D 获得成功的经验是什么

40. A 提倡节约
   B 写了很多书
   C 很受学生欢迎
   D 是物理学教授

41. A 要行动起来
   B 要善于观察
   C 永远不要灰心
   D 考虑问题要全面

42. A 关心员工
   B 对员工要求严格
   C 懂得怎样表扬员工
   D 了解员工的优缺点

43. A 做事要专心
   B 要敢于承担责任
   C 每个人都有长处
   D 要选择喜欢的职业

44. A 运气不好
   B 生意失败了
   C 担心的事太多
   D 赚不到更多的钱

45. A 帮助穷人
   B 收养孤儿
   C 投资办学校
   D 去田里劳动

二、阅 读

第一部分

第 46-60 题：请选出正确答案。

46-48.

海水里那么多的盐是从哪儿来的呢？有一种说法是由陆地上的江河带来的。雨水 __46__ 到地面，便向低处汇集，一部分形成小河，流入江河；一部分渗入地下，然后又在其他地段冒出来，最后都流进大海。水在流动 __47__ 中，经过各种土壤和岩层，使其分解出各种盐类物质。这些物质被带进大海，再经过海水的 __48__ 蒸发，海水里盐的浓度就越来越高了。

46．A 降　　　　B 倒　　　　C 浇　　　　D 漏
47．A 趋势　　　B 过程　　　C 步骤　　　D 程序
48．A 不断　　　B 纷纷　　　C 始终　　　D 陆续

49-52.

一个优秀的企业总裁被问到："如果接到一个 __49__ 不合理的退货要求，你的销售员会如何处理？会给这个顾客退货吗？"总裁答道："我不知道会不会退货，但我知道他一定会以令顾客满意的 __50__ 来解决。"

这就是实行文化管理的结果。企业文化的本质是"人性化"，在没有规定、没有参考时， __51__ 。通常情况下，制度只告诉我们不该做什么，只有文化才能够真正告诉我们该做什么。要 __52__ 长久的发展，把企业做大，就必须有长久的动力。这种动力不是金钱、制度、权力所能提供的，只有企业文化形成的价值体系才可以。

49．A 临时　　　B 多余　　　C 明显　　　　　D 必要
50．A 方式　　　B 理论　　　C 证据　　　　　D 规则
51．A 消费是关键　　　　　　B 现象反映本质
　　C 企业领导者是最重要的　D 文化起着决定性的作用
52．A 传播　　　B 追求　　　C 造成　　　　　D 流传

53-56.

　　老师在讲课前让学生做一个数字游戏。老师说："1 乘 1，乘 10 次，答案是多少？"学生们异口同声地答道："1。"

　　老师说："很好，那 1.1 乘 1.1，乘 10 次呢？"

　　学生们有的猜 1.2，有的猜 2.1……正确的答案却是 2.85。老师又说："0.9 乘 0.9，乘 10 次，答案又会是多少？"老师提醒道："为了让你们的印象更 __53__，我建议你们 __54__ 算一下。"一个学生很快就算出来了，答案是 0.31。

　　的确，虽然只差小小的 0.1，但多次相乘后的结果却相差很大。__55__，小事积累起来就可能变成一个很大的问题，差距就是这样 __56__ 的。

53．**A** 深刻　　　**B** 充分　　　**C** 均匀　　　**D** 广泛
54．**A** 简直　　　**B** 毕竟　　　**C** 亲自　　　**D** 逐步
55．**A** 唯一的办法是　　　　　　　　**B** 生活中也是这样
　　　C 至于结果是否准确　　　　　　**D** 一旦发生了这样的事
56．**A** 产生　　　**B** 成为　　　**C** 到达　　　**D** 促进

57-60.

　　有位著名收藏家，他总是能淘到别人淘不到的古董。有人问他秘诀在哪里，他说，秘诀只有两个字——让利。他在遇到自己中意的古董时，也会砍价，但不会大砍，更不会砍到让卖者无钱可赚的 __57__。恰恰相反，他会根据自己专业的判断，在得出一个合理价格的基础上，再 __58__ 加一些，让对方多赚一点儿钱。

　　如此一来，卖古董的人就会觉得他好说话，和他做买卖不但不会 __59__，反而还能多赚一些。所以，当他们手里再有其他古董和宝贝时，__60__，请他先看，他不要了，再去找其他买家。这就是这位收藏家总能先人一步，占领先机的秘诀。

57．**A** 原则　　　**B** 角度　　　**C** 程度　　　**D** 比例
58．**A** 急忙　　　**B** 主动　　　**C** 迫切　　　**D** 全面
59．**A** 缩小　　　**B** 吃亏　　　**C** 赔偿　　　**D** 耽误
60．**A** 就高价卖给他　　　　　　　　**B** 就向朋友推荐
　　　C 便自己躲藏起来　　　　　　　**D** 就会首先联系他

第二部分

第 61-70 题：请选出与试题内容一致的一项。

61. 绿茶，是中国的主要茶类，产自江苏、浙江、福建等省。因未经发酵，而较多地保留了鲜叶中的营养成分。绿茶中的这些营养成分，具有杀菌、消炎、防衰老以及防癌、抗癌等特殊功效。

   A 绿茶不易保存
   B 夏天喝绿茶最好
   C 绿茶不宜每天饮用
   D 绿茶含有丰富的营养成分

62. 《汉书》是中国古代一部重要的史书，与《史记》《后汉书》《三国志》并称为"前四史"。这部著作由东汉历史学家班固编写，全书共 80 万字，主要记述了西汉时期 200 多年的历史，对后世影响深远。

   A 《汉书》已经失传了
   B 《汉书》是一部小说
   C 《汉书》记述了西汉的历史
   D 《汉书》是班固早期的代表作

63. 小孩子总是需要人照顾的，但是他们在给家庭带来麻烦的同时，也带来了快乐和幸福。所以有人说，有了孩子以后，生活是痛并快乐着的，而且快乐远远多于痛苦。

   A 要多和孩子交流
   B 要尊重孩子的选择
   C 孩子比成人更容易满足
   D 孩子能给家庭带来欢乐

64. 无论你的收入是多少，请记得分成 5 份进行投资：增加对身体的投资，保证你的健康；增加对社交的投资，扩大你的人脉；增加对学习的投资，增强你的自信；增加对旅游的投资，丰富你的见闻；增加对未来的投资，提高你的收益。好好规划落实，你将发现你的人生会越来越精彩。

   A 投资有风险
   B 要合理分配收入
   C 要充分利用资源
   D 钱多不一定幸福

65. 植物的年轮既可以反映植物的生长状况，又可以反映环境条件的变化。当气温、水分等条件较好的时候，如春季和夏季，植物生长较快，形成的纹路就比较稀疏，颜色较浅；当气温、水分等条件比较恶劣的时候，如秋季和冬季，形成的纹路就较密，颜色较深。

A 夏季植物生长较慢

B 秋季年轮比较稀疏

C 年轮颜色与季节无关

D 年轮可以反映外部环境

66. 博格达峰是天山山脉东段最高的山峰，这里的积雪终年不化，人们叫它"雪海"。在博格达峰的山腰上，有一个名叫天池的湖泊，海拔有 1900 多米，深约百米，池中的水由冰雪融化而成，清澈透明，像一面大镜子。洁白的雪峰，翠绿的云杉树倒映湖中，如诗如画，令游客神往。

A 天池位于天山脚下

B 雪海是天池的别称

C 天池的水非常清澈

D 博格达峰在天山西部

67. 在古代，月亮对于人们来说是极为神秘的，因此出现了很多有关月亮的神话，如"嫦娥奔月""天狗食月"等，与月亮有关的文学作品也数不胜数。与此同时，人们还给月亮起了很多美丽的名字，如"银盘""玉弓"等。

A 月亮是爱情的象征

B 很多文学作品与月亮有关

C 满月可以给人们带来好运

D 人们根据月亮的圆缺来判断天气

68. 有些时候，我们很难一帆风顺地把事情做好。在这种情况下，我们或选择等待，或寻求合作。就像飞机能够在两点之间直飞，但如果前面有个大气流，飞机也只能绕过大气流飞行。我们做事情时，也会碰到很多困难和障碍，这个时候我们不一定要硬闯过去，我们可以选择其他途径，也许这样做反而会更加顺利。

A 要学会赞美别人

B 要理论联系实际

C 绕行也是一种解决办法

D 要虚心接受他人的意见

69. 1905 年，中国第一部电影《定军山》在北京的丰泰照相馆诞生。当时著名的京剧表演艺术家谭鑫培先生，在镜头前表演了几个自己最拿手的片断。片子随后被拿到前门大观楼去放映，万人空巷。这是有记载的第一部由中国人自己摄制的电影，标志着中国电影的诞生。

   A 《定军山》没有对外放映
   B 《定军山》的导演是谭鑫培
   C 《定军山》是在北京拍摄的
   D 《定军山》是一部彩色电影

70. 有研究表明，由于自身工作压力大，管理者往往会将更多的沮丧情绪传递给下属。但在对 98 名公司管理者和职员进行问卷调查后，研究者发现，在那些适度健身的管理者手下工作的员工，日子似乎要好过得多。不管做任何运动，只需每周坚持一到两次，管理者对下属乱发脾气的次数就能明显减少。

   A 要养成阅读的好习惯
   B 运动有助于改善情绪
   C 管理者要注意沟通技巧
   D 下属的情绪会影响管理者

第三部分

第 71-90 题：请选出正确答案。

71-74.

一位少年被金矿的巨大利益所吸引，加入了去山里寻找金矿的行列。山谷里气候干燥，水源奇缺，寻找金矿的人最难熬的就是没水喝。他们一边寻找金矿，一边发着牢骚："要是谁能给我一壶水，我给他 10 块钱。"另一个说："要是谁能给我一壶水，我给他 20 块钱！"

说者无心，听者有意。在一片抱怨声中，少年一拍脑门，心说："机会来了！"于是，他退出了寻找金矿的队伍，转而去找水源。一铲又一铲，历尽千辛万苦，他终于挖到了水源。

当少年挑着水桶、提着水壶走来时，那些口干舌燥的寻金者蜂拥而上，争相购买少年的水。当然，也有人嘲讽他："我们跋山涉水为的是挖到黄金，你却是为了卖水，早知道这样，你何必到这里来呢？"面对冷嘲热讽，少年一笑了之。后来，很多人都两手空空地回到家乡，而少年却靠卖水挖到了人生第一桶金。

71. 寻找金矿的人遇到了什么困难？
    A 十分干渴   B 食物不足
    C 通讯不便   D 气候多变

72. 那位少年为什么退出了寻找金矿的队伍？
    A 受伤了   B 想念家人
    C 不相信能找到黄金   D 想到了别的生财之道

73. 第 3 段中的"蜂拥而上"说明：
    A 卖水更赚钱   B 买水的人很多
    C 周围有很多蜜蜂   D 大家都瞧不起少年

74. 根据上文，下列哪项正确？
    A 要珍惜水源   B 要懂得合作
    C 要善于发现机会   D 要多征求别人的看法

75-78.

　　一个颇有名望的富商在路边散步时，遇到一个衣衫褴褛的摆地摊卖旧书的年轻人。有过同样苦难经历的富商顿生一股怜悯之情，便不假思索地将 50 块钱塞到年轻人的手中，然后头也不回地走了。没走多远，富商忽然觉得这样做不妥，于是连忙返回来，从地摊上捡了两本旧书，并抱歉地解释说自己忘了取书，希望年轻人不要介意。最后，富商郑重其事地告诉年轻人："其实，你和我一样也是商人。"

　　两年之后，富商应邀参加一个慈善募捐会，一位西装革履的年轻书商迎了上来，紧握着他的手，激动地说："先生，您可能早忘记我了，但我永远也不会忘记您。我曾经一直以为我这一生只有摆地摊的命运，直到您对我说'我和你一样都是商人'，这才使我找回了自尊，从而创造了今天的成绩……"

　　富商万万没有想到，自己两年前说的一句话，竟能让一个自卑的人树立了自信，让一个穷困潦倒的人看到了希望，让一个自以为一无是处的人认识到了自己的优势和价值，并且通过自强不息的努力获得了成功。

75. 富商为什么很同情年轻人？
　　A 年轻人救过他　　　　　　　B 他们以前就认识
　　C 有过相似的经历　　　　　　D 想起了自己的儿子

76. 关于年轻人，可以知道：
　　A 曾经很穷　　　　　　　　　B 喜欢阅读
　　C 捐了很多钱　　　　　　　　D 后来给富商打工

77. 根据上文，可以知道什么？
　　A 富商很朴素　　　　　　　　B 富商破产了
　　C 年轻人很感谢富商　　　　　D 年轻人送了富商很多书

78. 最适合做上文标题的是：
　　A 尊重的力量　　　　　　　　B 富商的一天
　　C 一颗简单的心　　　　　　　D 聚会上的故事

79-82.

一天傍晚，我和妻子去散步，遇到一个卖花的老者，满车的鲜花很好看。有的含苞欲放，有的翠绿欲滴，有的娇艳夺目。我对妻子说："买盆花吧。"妻子说："咱俩又不会养，别买了。"但我执意要买，于是我们买了两盆放在阳台上。我每天下班回家，第一件事就是到阳台上看看那两盆花，给它们浇浇水、松松土，感觉生活也增添了几分乐趣。

几天后，我发现那两盆原本郁郁葱葱的花，叶片开始慢慢地泛黄、枯萎。我很纳闷儿，我每天细心地呵护，最后竟然是这样的结果，真让人百思不得其解。

终于有一天，我再次遇到那个卖花的老者，便迫不及待地走到他的花车前，把养花的整个过程向他描述了一番。老者听后，微微一笑说："养花要因花而异。你买走的那两盆花，不喜欢勤浇水，如果浇水勤了，花的根部就会慢慢发霉，最后烂掉。"听完老者的讲述，我恍然大悟。

后来一段时间里，我完全按照老者的方法去做，果然那两盆将要枯死的花慢慢地泛绿了，并且还发出了嫩芽，呈现出了勃勃生机。现在这两盆花已经成为我家一道美丽的风景，每天下班回家看上两眼就觉得很惬意。

其实，做人跟养花一样，凡事要适可而止。养花，水过了就要沤根，肥过了就要被烧死。做人也是这样，过火了就要偏离正确的道路了。

79. 根据第1段，可以知道什么？
    A 他喜欢逛花市   B 妻子不同意他买花
    C 他晚饭后经常散步   D 他认识卖花的老者

80. 他为什么很纳闷儿？
    A 果实很小   B 花一直不开
    C 花长得不好   D 花的颜色会变

81. 老者的建议是什么？
    A 少浇水   B 勤松土
    C 换花盆   D 多晒太阳

82. 上文主要想告诉我们：
    A 要爱护环境   B 凡事要适度
    C 要听长者的教导   D 要保持一颗好奇心

83-86.

　　春秋时期，齐国的国君齐庄公，有一次乘坐马车出去打猎，忽然看见路旁有一只昆虫，正奋力高举起它的两只前臂，挺直了身子，逼向马车车轮，摆出一副要与车轮搏斗的架势。这有趣的场面吸引了齐庄公的注意，他问驾车的人："这是什么虫子？"车夫答道："这是一只螳螂。"齐庄公又问："它为什么挡住我们的马车？"

　　车夫说："大王，它要和我们的车子搏斗，它不想让我们过去。螳螂这小虫子，只知前进，不知后退，身体小但心却很大，真是不自量力。"

　　听了车夫的这番话，齐庄公感慨地说道："这小虫子志气不小，它要是人的话，一定会成为受天下人尊敬的勇士。"说完，他吩咐车夫绕道而行，不要伤害螳螂。后来，很多人听说了这个故事，都为齐庄公的做法所感动，一时间，天下英雄纷纷前来投奔，从此齐国日益壮大起来。

　　人们常说"螳臂挡车，不自量力"。然而我们从另一面来看，螳螂挡车之勇，也实在可赞可叹，这种不畏艰险，敢于抗争的勇气，难道不值得我们学习吗？

83. 齐庄公看到了什么有趣的现象？
　　A 马害怕螳螂　　　　　　　　B 两只螳螂在打架
　　C 螳螂跳上了马车　　　　　　D 螳螂挡在马车前面

84. 齐庄公觉得螳螂：
　　A 有志气　　　　　　　　　　B 很有智慧
　　C 非常勤奋　　　　　　　　　D 犹豫不决

85. 根据上文，下列哪项正确？
　　A 车夫被辞退了　　　　　　　B 车夫很佩服螳螂
　　C 齐庄公取消了打猎计划　　　D 齐庄公的做法感动了许多人

86. 最适合做上文标题的是：
　　A 艰巨的任务　　　　　　　　B 勇敢的螳螂
　　C 三人行必有我师　　　　　　D 螳螂捕蝉，黄雀在后

87-90.

　　有研究人员曾对毕业照进行了专门的研究，他们收集了 5000 张初中和高中全班同学的毕业合影，从中确定了 50000 人。经过长达 41 年的跟踪调查，研究人员发现：从总体上看，那些面带善意微笑的学生，到中年后他们的事业成功率和生活幸福程度，都远远高于那些面部表情不好、郁郁寡欢的人。

　　没错，微笑能预知你的成功。看看我们的周围，那些愈是愁眉苦脸、牢骚满腹的人，愈是生活得<u>不尽如人意</u>，与成功无缘。相反，那些总是面带微笑的人，似乎好运特别喜欢跟着他们，不管他们的事业还是生活，都比旁人要成功。

　　为什么？原因很简单，脸上的表情往往反映了一个人的心态。有什么样的心态，往往就有什么样的现在和未来。当一个人以微笑的姿态面对生活，他便拥有了积极的心态，这不仅能让自身的知识和能力得到最优化的发挥，充满自信地面对各种挫折，还能让他的人际关系变得越来越融洽，从而在人生道路上形成良性循环，走出一片广阔的天地。

　　微笑的人并非没有失败、没有痛苦，只是他们勇于面对生命中的起起伏伏，将目光更多地停留在生活美好的一面上。如果一味苛求，怨天尤人，愁苦只会越来越多。给生活一个真诚的微笑，才能拥抱整个世界。这正如一位科学家说的："微笑对于一切痛苦都有超然的力量，甚至能改变人的一生。"

87．根据第 1 段，下列哪项正确？
　　A 调查只针对初中生　　　　　B 研究持续了好几年
　　C 微笑有助于身体健康　　　　D 喜欢微笑的人幸福感更强

88．第 2 段中的"不尽如人意"是什么意思？
　　A 完全没想到　　　　　　　　B 不能使人满意
　　C 否定别人的想法　　　　　　D 不能理解别人的意思

89．根据上文，面部表情：
　　A 很难控制　　　　　　　　　B 容易被忽视
　　C 不一定真实　　　　　　　　D 能反映人的心态

90．上文主要讲的是：
　　A 微笑的积极作用　　　　　　B 身体语言的秘密
　　C 怎样改善人际关系　　　　　D 如何调整工作节奏

三、书 写

第一部分

第 91-98 题：完成句子。

例如：发表　　这篇论文　　什么时候　　是　　的

　　　 这篇论文是什么时候发表的？

91. 他的　　片面　　观点　　有些

92. 三瓶　　桌子上　　矿泉水　　摆着

93. 他　　紧急情况　　处理　　善于

94. 突然　　雪花　　傍晚时天空中　　飘起了

95. 鸽子　　和平的　　是　　象征

96. 我　　被　　摔坏了　　数码相机

97. 为　　投资的事情　　发愁　　吗　　你还在

98. 会举行　　庆祝活动　　大规模的　　国庆节期间

第二部分

第 99-100 题：写短文。

99. 请结合下列词语（要全部使用，顺序不分先后），写一篇 80 字左右的短文。

    宿舍　陌生　沟通　适应　心情

100. 请结合这张图片写一篇 80 字左右的短文。

H51223 卷听力材料

（音乐，30 秒，渐弱）

大家好！欢迎参加 HSK（五级）考试。
大家好！欢迎参加 HSK（五级）考试。
大家好！欢迎参加 HSK（五级）考试。

HSK（五级）听力考试分两部分，共 45 题。
请大家注意，听力考试现在开始。

第一部分

第 1 到 20 题，请选出正确答案。现在开始第 1 题：

1. 女：李老师的电话打通了吗？
   男：没有，一直占线，发短信也没回，真急人。
   问：男的为什么很着急？

2. 男：我们居然这么快就干完了，还是人多力量大。
   女：是啊，幸亏你们来帮忙，否则我今天又要干到很晚，太谢谢你们了。
   问：女的是什么意思？

3. 女：我穿紫色这件好看吗？
   男：显得很苗条，不过颜色太鲜艳了，要不你再看看其他颜色的？
   问：男的觉得紫色的那件怎么样？

4. 男：小王，明天都有哪些安排？
   女：您明天上午十点要和生产商签合同，下午三点要出席分店的开业典礼。
   问：男的明天上午有什么安排？

5. 女：糟糕，我好像把车钥匙落在健身房了。
   男：那你赶快去取吧，我在这儿等你。
   问：女的怎么了？

6. 男：这里的水煮鱼做得很地道，你尝尝。
   女：我吃了，的确不错，肉很嫩，要是再辣点儿就更好了。
   问：女的觉得水煮鱼怎么样？

7. 女：您好，您总共消费了七百四十七元。您刷卡还是付现金？
　　男：刷卡，然后请给我开张发票。
　　问：男的在做什么？

8. 男：小叶，去不去打排球？
　　女：不去了，我昨天打完球，肩膀到现在还疼呢。
　　问：女的为什么不去打排球？

9. 女：还要开多久才能到你们单位啊？
　　男：你别催，快了，下个路口左拐就到了。
　　问：男的是什么意思？

10. 男：刘女士吗？有您的包裹，麻烦您下楼签收一下。
　　女：好的，请稍等一下，我马上下来。
　　问：男的想让女的做什么？

11. 女：听说你们买了一套新房子，打算什么时候搬过去？
　　男：房子现在还没装修完呢，最快也要到元旦以后了。
　　问：关于新房子，可以知道什么？

12. 男：你好，我的登机牌不小心弄丢了，我该怎么办呢？
　　女：可以给您重新办理一张，请出示一下您的身份证。
　　问：他们最可能在哪儿？

13. 女：这桔子真甜，你在哪儿买的？
　　男：在郊外。上周末我们去郊区玩儿，路过一大片桔园，就在那儿买了一箱。
　　问：关于男的，可以知道什么？

14. 男：奇怪，这手电怎么不亮呢？
　　女：是不是没电了？抽屉里有两节新电池，你换上试试。
　　问：女的是什么意思？

15. 女：这是哪个朝代的服装？真好看。
　　男：应该是汉代的，我以前在电视上看过。
　　问：他们在谈论什么？

16. 男：你不是和朋友去博物馆了吗？
　　女：别提了，博物馆今天不对外开放，我们白跑了一趟。
　　问：根据对话，可以知道什么？

17. 女：这次的对手挺厉害的，看来咱们队赢的希望不大。
    男：不要紧，重在参与嘛。
    问：男的是什么意思？

18. 男：你好，我胃有点儿不舒服，应该挂哪个科室？
    女：消化内科，挂号费五块。
    问：男的哪儿不舒服？

19. 女：这个胡同里的房子看起来年代比较久远。
    男：是，听长辈们说，这些房子都是十九世纪初修建的。
    问：关于那些房子，可以知道什么？

20. 男：下月中旬把你的设计方案交给我，没问题吧？
    女：没问题，马主任。
    问：女的下月中旬要交什么？

第二部分

第 21 到 45 题，请选出正确答案。现在开始第 21 题：

21. 女：你儿子小兵今年不是高考吗？考得怎么样？
    男：还不错，已经被北京大学录取了。
    女：是吗？真了不起。恭喜你了。
    男：谢谢。
    问：关于小兵，可以知道什么？

22. 男：大学生运动会要招志愿者，你报名吗？
    女：你在哪儿看到的消息？我怎么不知道？
    男：就在校园网的主页上，我也是今天早上上网才看到的。
    女：那我也上网看看。
    问：男的是怎么知道这个消息的？

23. 女：你在看什么呢？
    男：一个纪录片，介绍中国各地美食。
    女：是吗？好看吗？
    男：还不错，不但介绍美食，还介绍各个地方的风俗文化，值得一看。
    问：关于那个纪录片，下列哪项正确？

24. 男：咱们部门去春游的事定了，这周六去。
    女：太棒了，我期待很久了，希望周六别下雨。
    男：不会，我看了天气预报，这周天气非常好。
    女：那太好了，我要赶紧准备一下。
    问：女的现在心情怎么样？

25. 女：小谢，我的电脑装不上这个软件，你能帮我看看吗？
    男：没问题，是什么软件啊？
    女：一个录音软件。
    男：是不是你的硬盘空间不够？
    问：那个电脑怎么了？

26. 男：这几页有几个地方还需要再调整一下，我都用红笔标记了。
    女：好，我再改改。
    男：另外，还有几处标点错误，你注意一下。
    女：好的，修改完我尽快拿给您看。
    问：男的让女的注意什么？

27. 女：我昨天在网上买了一条牛仔裤，质量不错。
    男：你最近经常在网上购物？
    女：是，不用出门，点点鼠标就行，还有人送货到家。
    男：确实挺方便的，哪天我也去网上逛逛。
    问：关于女的，下列哪项正确？

28. 男：您好，您的账户里还有十万元整。
    女：如果把这笔钱转存成定期，利息是多少？
    男：那要看您存多久，一年的话三千多，两年的高一些。
    女：那我存两年的吧。
    男：好的。
    问：女的在询问什么？

29. 女：欢迎光临！您好，请问您有预订吗？
    男：我前天订的包间，七个人的。
    女：您贵姓？
    男：我姓张。
    女：您稍等，我看一下登记信息。
    问：女的最可能是做什么的？

30. 男：你本科学的是什么专业？
    女：我主修广告，此外还辅修了销售管理。
    男：那你觉得你的专业背景对从事这份工作有什么帮助呢？
    女：我可以在广告策划和市场推广等方面发挥我的专业特长。
    问：女的认为自己在哪方面有优势？

第 31 到 32 题是根据下面一段话:

夜晚星星的多少和当时的天气状况有十分密切的关系。如果天上云层比较厚, 就会遮住一些星星, 我们能看到的星星就很少; 如果天上的云很少, 空中的水汽也比较少, 我们就能看见更多星星。所以, 夜晚天空中如果有许多星星, 就表示当时空气比较干燥, 而且第二天很可能会是晴天。

31. 星星的多少和什么有关?
32. 如果晚上星星多, 能说明什么?

第 33 到 35 题是根据下面一段话:

一位出版商在他的励志著作中, 提到过这样一件事: 有一年, 他在海边游泳, 游着游着, 眼前一下子变得昏暗模糊起来。他觉得很紧张, 双手发软, 无力继续划动, 游泳的节奏全被打乱了。在那个生死关头, 两个信念支撑着他游了下去: 一是坚持自己的方向, 他认为自己不可能越游离岸边越远; 二是要保持顺畅的呼吸, 不要呛到水。游回岸边后, 他悟出了一个道理, 那就是只要方向没错, 就要相信, 通过自己的努力, 一定可以达到目标。

33. 当眼前变得模糊时, 他有什么感觉?
34. 关于那两个信念, 下列哪项正确?
35. 这段话主要想告诉我们什么?

第 36 到 38 题是根据下面一段话:

色彩心理学家发现, 衣服颜色会对心理产生重要影响。黑、灰两种颜色是职场常见色系, 虽然稳重, 但略显呆板, 容易让人产生沉重、压抑的心情。因此, 我们挑选衣服时, 不妨试试以下三种颜色。

首先是绿色。它是舒适之色, 能缓解眼部疲劳, 并能让人从心理上产生一种安全感, 有利于集中思绪、提高工作效率。

其次是蓝色。蓝色能起到稳定血压、减轻紧张感的作用。工作忙碌的人, 可以选择多穿蓝色的衣服。

粉色则是温柔之色。它有安抚的作用, 能消除浮躁的情绪。实验表明, 发怒的人看到粉色, 比较容易冷静下来。

36. 灰色系的衣服有什么特点?
37. 绿色有什么作用?
38. 发怒的人看到粉色会怎么样?

第 39 到 41 题是根据下面一段话：

一位著名的教授到某大学做演讲，礼堂座无虚席。在一个半小时的演讲里，老教授幽默风趣地讲述了自己的奋斗经历，学生们听得津津有味。演讲快结束时，老教授请大家提问交流。

有个学生站了起来问："教授，您取得了这么多的成就，是否可以传授我们一些经验？"老教授笑了，望着大家说："你们自己先想想看。"台下的学生开始互相讨论起来。

过了一会儿，老教授拍了拍桌子说："别想了，快去做吧。我的演讲到此结束，谢谢同学们的捧场。"

学生们很吃惊，静默片刻后，礼堂响起了热烈的掌声。

39．那个同学提了什么问题？
40．关于教授，可以知道什么？
41．这段话主要想告诉我们什么？

第 42 到 43 题是根据下面一段话：

一个团队总是需要各种各样的人才。人不可能每个方面都出色，也不可能每个方面都差劲儿，再差的人也总有比别人强的地方。一个领导者能否称得上是优秀的领导者，不在于他自己能做多少事情，而在于他是否能很清楚地了解每个下属的优点和缺点，在适当的时候，派合适的人去做适合他们的事情。

42．优秀的领导者应具备什么特点？
43．根据这段话，下列哪项正确？

第 44 到 45 题是根据下面一段话：

从前有一个富翁，拥有很多财宝，但他并不快乐。于是，他决定去远方寻找快乐。富翁把金银珠宝都背在身上，然后出发了。他走过千山万水，可仍然不快乐。一天，他沮丧地坐在山脚下休息。这时，一个农夫背着一大捆柴草从山上走下来，边走还边哼着小曲儿，一副非常快乐的样子。富翁见状，对他说："我是令人羡慕的富翁，但却快乐不起来，你为什么这么快乐呢？"

农夫放下沉甸甸的柴草，擦擦汗说："快乐其实很简单，放下就是快乐呀。"富翁顿时醒悟：自己背着那么重的珠宝，怕丢，又怕被别人抢，整日忧心忡忡，怎么会快乐呢？于是富翁回到家，开始用自己的钱来帮助穷人，他再也不用担惊受怕了，并且尝到了快乐的味道。

44．富翁刚开始为什么不快乐？
45．富翁是如何找到快乐的？

听力考试现在结束。

H51223 卷答案

一、听 力

第一部分

1. D	2. D	3. B	4. A	5. C
6. C	7. A	8. A	9. B	10. B
11. A	12. B	13. D	14. C	15. C
16. D	17. C	18. A	19. A	20. B

第二部分

21. D	22. B	23. B	24. A	25. D
26. A	27. D	28. A	29. C	30. D
31. B	32. D	33. B	34. C	35. D
36. C	37. C	38. D	39. D	40. C
41. A	42. D	43. C	44. C	45. A

二、阅 读

第一部分

46. A	47. B	48. A	49. C	50. A
51. D	52. B	53. A	54. C	55. B
56. A	57. C	58. B	59. B	60. D

第二部分

61. D	62. C	63. D	64. B	65. D
66. C	67. B	68. C	69. C	70. B

第三部分

71. A	72. D	73. B	74. C	75. C
76. A	77. C	78. A	79. B	80. C
81. A	82. B	83. D	84. A	85. D
86. B	87. D	88. B	89. D	90. A

三、书 写

第一部分

91．他的观点有些片面。

92．桌子上摆着三瓶矿泉水。

93．他善于处理紧急情况。

94．傍晚时天空中突然飘起了雪花。

95．鸽子是和平的象征。

96．数码相机被我摔坏了。

97．你还在为投资的事情发愁吗？

98．国庆节期间会举行大规模的庆祝活动。

第二部分

（略）

孔子学院总部/国家汉办
Confucius Institute Headquarters(Hanban)

汉 语 水 平 考 试
HSK（五级）

H51224

注　　意

一、HSK（五级）分三部分：

　　1．听力（45题，约30分钟）

　　2．阅读（45题，45分钟）

　　3．书写（10题，40分钟）

二、**听力结束后，有5分钟填写答题卡。**

三、全部考试约125分钟（含考生填写个人信息时间5分钟）。

中国　北京　　　　　　　　　孔子学院总部/国家汉办　　编制

一、听 力

第一部分

第1-20题：请选出正确答案。

1. A 挂歪了
   B 摘不下来
   C 还没画完
   D 颜色模糊了

2. A 船上
   B 火车上
   C 飞机上
   D 长途汽车上

3. A 非常累
   B 生病了
   C 想吃点心
   D 没做完家务

4. A 正在结账
   B 是餐厅经理
   C 预订了位子
   D 填错信息了

5. A 雾很大
   B 打雷了
   C 很凉快
   D 阳光很好

6. A 得意
   B 激动
   C 失望
   D 平静

7. A 窗帘该洗了
   B 卧室太暗了
   C 适合挂客厅
   D 那块儿布很贵

8. A 纪录片
   B 连续剧
   C 足球比赛
   D 网球比赛

9. A 脾气好
   B 很会宣传
   C 善于模仿
   D 照片拍得好

10. A 不感兴趣
    B 记错时间了
    C 要上化学课
    D 要写实验报告

11. A 觉得抱歉
    B 出席了宴会
    C 没收到回信
    D 拒绝了邀请

12. A 十分谦虚
    B 会教太极拳
    C 得过武术冠军
    D 打排球很厉害

13. A 银行

　　B 邮局

　　C 幼儿园

　　D 健身房

14. A 去旅游

　　B 看展览

　　C 去实习

　　D 参加婚礼

15. A 射击

　　B 划船

　　C 钓鱼

　　D 打工

16. A 还要修改

　　B 没有通过

　　C 风险很大

　　D 很难实现

17. A 电影没字幕

　　B 手机没信号

　　C 电话铃声太小

　　D 麦克风有问题

18. A 退货

　　B 开发票

　　C 印名片

　　D 办签证

19. A 利润低

　　B 资金不足

　　C 把股票卖掉

　　D 黄金涨价了

20. A 工资低

　　B 工作压力大

　　C 没有升职空间

　　D 想丰富自己的经历

第 21-45 题：请选出正确答案。

21. A 过期了
    B 持卡五折
    C 节假日不能用
    D 不限制使用对象

22. A 太辣了
    B 特别烫
    C 没放酱油
    D 需要加点儿醋

23. A 房租便宜
    B 房东人很好
    C 租房合同没到期
    D 郊区的环境更好

24. A 收据
    B 驾照
    C 支票
    D 身份证

25. A 关空调
    B 开窗户
    C 拿被子
    D 买扇子

26. A 充值
    B 交电费
    C 咨询事情
    D 换登机牌

27. A 还没毕业
    B 在找工作
    C 不满意待遇
    D 已经退休了

28. A 换手机
    B 换电池
    C 重装系统
    D 再买个充电器

29. A 机票价格
    B 假期安排
    C 家庭情况
    D 换季服装

30. A 过敏了
    B 肩膀疼
    C 腰扭伤了
    D 胃不舒服

31. A 庆祝他升职
    B 祝贺他结婚
    C 祝贺他搬新家
    D 给他庆祝生日

32. A 新房子面积很大
    B 朋友很羡慕老王
    C 家具是老王妻子选的
    D 老王不喜欢家里的装修

33. A 船漏水了
    B 船动不了
    C 没有食物了
    D 没有汽油了

34. A 很懒
    B 不担心
    C 受伤了
    D 不愿离开

35. A 要谨慎
    B 不要悲观
    C 要等待时机
    D 别错失机会

36. A 能吃苦
    B 力气大
    C 胳膊长
    D 身体灵活

37. A 那场比赛很精彩
    B 那个运动员很英俊
    C 那个运动员个子不高
    D 记者很欣赏那个运动员

38. A 要乐观
    B 要积极改正错误
    C 要结合实践经验
    D 要忘掉自己的短处

39. A 选择最轻的那件
    B 选择最值钱的那件
    C 选择最喜欢的那件
    D 选择离门最近的那件

40. A 杂志社破产了
    B 博物馆失火了
    C 很多人参与答题
    D 画家得到了奖金

41. A 要有想象力
    B 遇事不要慌张
    C 不要过分追求完美
    D 制定目标要符合实际

42. A 做人要有礼貌
    B 尊重是相互的
    C 要重视个人形象
    D 批评要讲究方法

43. A 如何与人相处
    B 如何鼓励别人
    C 怎样解决矛盾
    D 怎样克服困难

44. A 最流行的
    B 世上没有的
    C 世上最美的
    D 像水一样的

45. A 张三很善良
    B 张三很聪明
    C 那个人很佩服张三
    D 那个人向张三道歉了

二、阅 读

第一部分

第46-60题：请选出正确答案。

46-48.

桔子是秋季常见的美味水果，它不仅色彩 <u>46</u> 、酸甜可口，而且营养十分丰富，一个桔子就能 <u>47</u> 人体一天所需的维生素C。另外，桔子中富含的钾元素还有助于调节血压。一项研究显示，如果每天饮用750毫升桔子汁，就可以有效改善体内的血液循环，对于 <u>48</u> 心血管疾病大有益处。桔子虽然有很多功用，但也不宜食用过多，否则容易引起"上火"。一般来说，一天吃一到三个桔子最为合适。

46．A 光滑　　B 舒适　　C 整齐　　D 鲜艳

47．A 完善　　B 充满　　C 满足　　D 消化

48．A 协调　　B 预防　　C 缩小　　D 消灭

49-52.

任何人都希望别人给予自己的东西可以"不断增加"，而不是"不断减少"。许多销售员就是抓住了人们的这种 <u>49</u> ，在给顾客称货时，总是先抓一小把放在称盘里，然后再一点点地添入，而不是先抓一大把放在称盘里，再一点点拿出。我们在教育孩子时，难免会将他的缺点和优点都评说一番，并常常采用"先褒后贬"的方法。其实，<u>50</u> 。在教育孩子的时候，我们不妨也 <u>51</u> "增减效应"，先指出孩子一些无伤尊严的小毛病，然后再恰如其分地给予赞扬，这样做 <u>52</u> 也许会更好。

49．A 心理　　B 标准　　C 风格　　D 原则

50．A 这么做很有学问　　　　B 这种姿势是不对的
　　C 这是我们应尽的义务　　D 这是很不理想的评价方法

51．A 运用　　B 发表　　C 处理　　D 从事

52．A 利益　　B 结论　　C 效果　　D 后果

53-56.

　　战国时期，孙膑初到魏国，魏王召集众官员，想要当面考考孙膑的 53 。魏王对孙膑说："你有什么办法让我从座位上下来吗？"孙膑 54 了下胡须说："大王坐在上边，我是没有办法让大王下来的。但是如果大王在下边，我却有办法让大王坐上去。"魏王得意洋洋地说："那好，我倒要看看，你有什么办法让我坐上去。" 55 。众人一时没有反应过来，都笑孙膑无能，孙膑却忽然哈哈大笑起来，说："大王这不是已经从座位上走下来了吗？"这时，大家才反应过来，对孙膑的才华连连 56 。

53. A 力量　　　B 智慧　　　C 勇气　　　D 个性

54. A 摸　　　　B 挥　　　　C 扶　　　　D 伸

55. A 孙膑感到很轻松　　　　　　B 大臣们议论了起来
　　 C 说完就回到了自己的位置　　D 说完便从座位上走了下来

56. A 称赞　　　B 嘱咐　　　C 提倡　　　D 尊敬

57-60.

　　植物学家在考察了某山脉的植被后，发现了一个奇怪的现象：最近100年来，许多应在山底牧场开放的花已经开到了海拔2000米的高山雪带上，而原先雪带上的植物则越过雪带向更高处攀登。植物学家在研究了相关资料后认为，造成这种情况的主要原因是这个 57 的气温在逐渐升高，那些适宜在低温环境下生长的植物为了 58 适宜的温度，不得不向更高处攀登。这一现象说明许多植物都对自然界有灵敏的反应， 59 ，不断调整自身的生存 60 。

57. A 地区　　　B 表面　　　C 郊区　　　D 阶段

58. A 体验　　　B 寻找　　　C 应付　　　D 补充

59. A 植物越来越多　　　　　　B 它们分布广泛
　　 C 由此带来许多环境问题　　D 并且可以根据环境的变化

60. A 功能　　　B 性质　　　C 状态　　　D 程度

第二部分

第61-70题：请选出与试题内容一致的一项。

61. 荷花又名莲花、水芙蓉，一般分为食用和观赏两大类。它的藕和莲子能食用，根茎、荷叶、莲子等均可入药。另外，作为观赏性植物，荷花既可大面积池栽，美化水面、净化水质，也可盆栽，摆放于庭院，装饰环境。

   A 荷花象征友谊
   B 荷花很难种植
   C 荷花不具观赏性
   D 荷花可以美化环境

62. 《华容道》这款游戏源自一个历史故事。相传三国时曹操曾遭遇兵败，败走华容道。游戏的玩儿法就是通过移动最少的棋子，把曹操移出华容道。由于这款游戏形式变化多样，且有益于智力开发，所以深受人们的喜爱。

   A 《华容道》是曹操发明的
   B 《华容道》是一款益智游戏
   C 《华容道》有两千多年的历史
   D 《华容道》至今没有正确的解法

63. 勤奋是一个人成功的重要因素，所谓"一分耕耘，一分收获"。一个人所取得的报酬和成果，与他所付出的努力有着极大的关系。运气只是一个小因素，个人勤奋努力才是事业得以成功的最基本条件。

   A 要珍惜时间
   B 要懂得创造机会
   C 成功离不开个人努力
   D 付出不见得一定有收获

64. 用户凭购物发票即可享受"包修""包换""包退"的"三包"服务。7日内出现质量问题包退；一个月内包换；整机保修一年，主要零部件保修三年。如因消费者自己使用或维护不当，造成产品损坏的，不能享受"三包"服务。

   A 该商品可以拆洗
   B 商家提供上门服务
   C "三包"服务有时间限制
   D 消费者对商品不满意可随时退货

65. 满汉全席原是清代宫廷举办宴会时满族人和汉族人合做的一种筵席，一般有108 种菜式，南菜和北菜各 54 道。满汉全席既有宫廷菜的特色，又有地方风味之精华；既突出满族菜的特殊风味，又展现了汉族烹调的特色，集两个民族菜式之精华，堪称中华大宴。

    A 满汉全席菜式多样
    B 满汉全席需要 108 位厨师
    C 满汉全席更符合满族人口味
    D 满汉全席集 56 个民族美食精华

66. 黄海是世界上各边缘海中接受泥沙最多的海。这主要是因为流入黄海的江河携带了大量泥沙，而黄海的水浅，泥沙不易沉淀，导致海水中悬浮颗粒增多，海水呈现黄色，黄海之名也由此而来。黄海的生物种类较多，数量大，因此周围的渔场数量很多。

    A 黄海气候多变
    B 黄海的水温较高
    C 黄海面积正不断扩大
    D 黄海海水含有大量泥沙

67. 少林寺位于中国河南省登封市，是少林武术的发源地，由于其坐落在嵩山腹地少室山下的茂密丛林中，所以取名"少林寺"。少林寺在唐朝时就已享有盛名，以禅宗和武术并称于世。寺内还保存了不少珍贵的文物，很多人去河南旅游都要到少林寺看一看。

    A 少林寺建于唐朝
    B 少林寺因武术而出名
    C 少林寺位于少室山顶
    D 少林寺是河北省的寺庙

68. 保龄球的计分规则很特别，并不是简单地累计得分。保龄球投掷的对象是10 个瓶子，如果每轮都砸倒 9 个瓶子，最终得分是 90 分；而如果每轮都能一次砸倒 10 个瓶子，最终得分将是 300 分。社会的计分规则也是这样：只要你每次比别人优秀一点点，这些优秀叠加后，你就会取得非同一般的成就，最终拉开与别人的距离。

    A 保龄球学起来很容易
    B 不要忽视细微的进步
    C 要多和优秀的人在一起
    D 保龄球很受年轻人欢迎

69. 随着生活节奏的加快，人们的读书时间呈现整体下滑趋势。为了鼓励人们多读书，联合国教科文组织把每年的 4 月 23 日定为"世界读书日"。为何会把世界读书日定在这一天呢？原来，这一天是世界上很多著名作家去世或者出生的日子，为了纪念这些伟大的作家，遂将这天定为"世界读书日"。

    A 世界读书日提倡多读书

    B 世界读书日可免费买书

    C 世界读书日的日期不固定

    D 世界读书日是作家的节日

70. 要想在竞争激烈的社会中站稳脚跟并成就一番事业，最重要的是什么？才华？勤奋？人际脉络？都不是，是诚信。社会是一个团体，诚信是维系其秩序和可持续发展的重要条件。没有诚信，你将很快失去伙伴，失去朋友，到最后，无人再敢与你共事。

    A 做人要有诚信

    B 要跟朋友保持联系

    C 才华与勤奋同样重要

    D 要认识到自己的不足

第 三 部 分

第 71-90 题：请选出正确答案。

71-74.

一辆货车在通过一个天桥时，由于司机没有看清楚天桥的高度标记，结果车被卡在了天桥下面。当时货车上装的货物很重，所以很难一下子把车开出来或者退回去。为了使货车移动，司机想了很多办法，但都无济于事。在等待救援的过程中，一个站在旁边围观的小伙子走了过来，对司机说道："你把车胎的气放出来点儿不就可以过去了吗？"

司机觉得他说得有道理，便将车胎的气放了一些出来，只见车的高度马上降了下来，最后，货车顺利地通过了天桥。

许多时候，我们无法从眼前的事物和固定的思维模式中脱离出来，所以始终被问题所困扰。而如果换一种思维方式，也许恰好就能发现问题的本质，从而找到解决问题的答案。

71. 那辆货车怎么了？
    A 超速了　　　　　　　　　　B 被撞了
    C 被人拦住了　　　　　　　　D 被困在天桥下了

72. 小伙子有什么建议？
    A 叫人来推车　　　　　　　　B 给车胎放气
    C 打电话报警　　　　　　　　D 把货物搬下来

73. 根据上文，下列哪项正确？
    A 货物被挤坏了　　　　　　　B 司机被罚款了
    C 小伙子的办法很有效　　　　D 小伙子驾驶技术很高

74. 上文主要想告诉我们：
    A 要乐于助人　　　　　　　　B 做人不能骄傲
    C 要多听别人的意见　　　　　D 要学会换角度思考问题

75-78.

年幼的儿子说："冬天的感觉真好！"我问："为什么？"儿子高兴地回答："因为冬天有大片大片的雪花，可以堆雪人、打雪仗、在雪地里赛跑。"未等我答话，儿子又问："明年夏天什么时候到啊？"我说："春天过后就是夏天。""夏天也很好，能游泳，每天都能吃到雪糕……"儿子喃喃自语，满脸幸福的表情。那一刻，我被儿子的快乐打动了。

我和孩子眼中的世界，差别该有多大啊！冬天，我看到的是北风肆虐、寒气入骨；夏天，我看到的是骄阳似火、酷暑难耐。同样的世界，孩子看到的，却是一个个鲜活的季节，他们尽情享受生活中的每一个细节，生活中处处写着两个字——快乐。

生活也是这样，成人更注重功利和结果，忽视过程和细节。成人的感受，更多的是无奈、愁苦。而孩子眼中更多的是阳光、美好、幸福和快乐。快乐看上去与我们相距甚远，但其实它包含在生活的每一个细节中，触手可及。

75. 儿子觉得冬天怎么样？
    A 路面很滑   B 经常刮风
    C 让人开心   D 到处都很安静

76. 第2段中"酷暑难耐"的意思最可能是：
    A 缺少同情心   B 暑假时间长
    C 天热得受不了   D 热一点儿不要紧

77. 根据上文，下列哪项正确？
    A 儿子讨厌夏天   B 成人更愿意观察生活
    C 作者不赞同儿子的观点   D 孩子善于发现生活的美好

78. 上文主要想告诉我们：
    A 生活充满挑战   B 快乐无处不在
    C 要多和孩子沟通   D 看事情不能只看表面

79-82.

相传在很久以前，黄河里有一位河神，人们都叫他河伯。有一天，河伯站在黄河岸上，望着滚滚的浪涛由西而来，又奔腾跳跃着向东流去，兴奋地说："黄河真大啊，世上没有哪条河能和它相比。我就是最大的水神！"

有人听了，告诉他说："你的话不对，黄河的东面有个地方叫北海，那才真叫大呢。"河伯说："我不信，北海再大，能大得过黄河吗？"那个人说："别说是一条黄河，就是几条黄河的水流进北海，也装不满它。"河伯固执地说："我没见过北海，我不信。"那个人无可奈何地说："有机会你去北海看一下，就明白了。"

秋天到了，连日的暴雨使大大小小的河流都注入黄河，黄河的河面更加宽阔了，隔河望去，连对面的牛马都分不清楚了。这下，河伯更得意了，以为天下最壮观的景色都在自己这里。自得之余，他突然想起有人跟他提起过的北海，于是决定去那里看看。

河伯顺流来到黄河的入海口，他眼前一亮，只见北海汪洋一片，无边无涯。河伯呆呆地看了一会儿，深有感触地说："俗话说，只懂得一点点道理就沾沾自喜，说的正是我啊。今天要不是亲眼见到这浩瀚无边的北海，我还会以为黄河是天下最大的呢！那样，我岂不是要永远被有见识的人笑话了！"

79．刚开始河伯认为：
    A 黄河最大   B 自己的知识最多
    C 自己的权力最大   D 所有河都要流入黄河

80．"连对面的牛马都分不清楚了"说明：
    A 黄河水面宽   B 黄河水很深
    C 河伯很勤劳   D 河伯贡献大

81．关于上文，下列哪项正确？
    A 河伯上当了   B 北海瞧不起河伯
    C 北海不值得去看   D 河伯认识到自己错了

82．下列哪项最适合做上文标题？
    A 河伯的故事   B 神秘的北海
    C 伟大的河流   D 你的心有多宽

83-86.

清朝末年的一天，北京的一家鞋店来了一位老者，这位老者腿有残疾，走起路来十分吃力。见此情景，老板赶忙吩咐店员给老者拿凳子，让老者坐下来慢慢挑选。老者挑好了一双布鞋，付钱后，说："我的腿脚不便，但买鞋必须亲自试穿，所以不得不来。"老板听后，便说："您看这样好不好，我现在按您脚的尺寸大小给您量个鞋样，以后再买鞋的时候，让家里人拿着鞋样来就行，您就不用亲自来了。"老者一听连忙说好。老板就给那位老者做了个鞋样，一共做了两份，一份给老者，一份自己留下。打那以后，老者买鞋再也不用亲自去试穿了。

这件事给了老板很大的启发。他想，有很多人特别忙，没有时间来鞋店试鞋，如果能把他们的鞋样事先保存起来，他们想买鞋的时候让家里人或手下人拿着鞋样来买，这样不就会节省很多时间吗？想到就做，第二天，这个老板就打发店员到一些老客户那里说明来意，当场量了脚的尺寸，做了两份鞋样出来，一份留给客户，另一份附上客户姓名、性别、职业、联系方式、住址、喜好等资料，带回店逐一登记。后来老板把这些信息整理成一本叫做《履中备载》的册子，为每个客户的脚都建立了一份档案。如此一来，鞋店建立了庞大的客户群，鞋的销量大增。

这家鞋店，就是日后名扬京城的北京内联升鞋店。为每一位客户建立一份档案，为客户提供最大的方便，便是内联升的胜出之道。

83. 关于那位老者，可以知道：
　　A 很大方　　　　　　　　　　B 腿脚不方便
　　C 想买新皮鞋　　　　　　　　D 没买到合适的鞋

84. 老板受到了什么启发？
　　A 培训店员　　　　　　　　　B 提供快递服务
　　C 为客人制作鞋样　　　　　　D 提高售后服务水平

85. 关于《履中备载》，下列哪项正确？
　　A 是个账本　　　　　　　　　B 已经出版了
　　C 记录了顾客的资料　　　　　D 介绍了布鞋的样式

86. 上文主要谈什么？
　　A 内联升的历史　　　　　　　B 怎样挑选布鞋
　　C 内联升的成功之道　　　　　D 怎样赢得别人的信任

87-90.

常坐飞机的人会发现，飞机上并没有配备降落伞，这是为什么呢？

首先，飞机的险情或者故障多出现在起飞和降落的时候，通常都是瞬间发生的，所以，即使每位乘客都有降落伞，也来不及完成跳伞的准备工作。

其次，一般商用客机的飞行高度为 10000 米左右，而适合跳伞的高度是 800 米到 1000 米左右。在飞机飞行的高度，空气十分稀薄，温度极低，人在机舱外根本无法生存。再加上客机的飞行速度很快，即使飞机可以降低至跳伞的高度，但由于空气阻力，乘客跳出机舱后，也会感觉像是重重地撞在了一堵墙上，根本无法承受这种程度的撞击。并且，由于空气阻力，人所有的衣物会被剥离身体。因此，带着降落伞包安全下降 9000 米，基本上是不可能的。

第三，就算在降落伞没有被剥离身体、并且能够正常打开的情况下，跳伞生还的几率也几乎为零，因为地面条件往往不适合降落。另外，跳伞需要非常专业的技术，并不是未经过特殊训练的一般乘客所能瞬间掌握的。未经训练的人由于不会操纵降落伞，很容易把自己裹到伞包中，然后像一块儿石头一样砸向地面。

最后，如果每个乘客都配备一个降落伞，将会占去很多空间，增加飞机的重量，这将会影响到飞机的营运能力。

87. 飞机险情多出现在：
   A 起降时   B 傍晚时分
   C 受到撞击时   D 遇到冷空气时

88. 根据第 3 段，可以知道：
   A 机舱外温度较高   B 机舱门不容易打开
   C 飞机无法在低空飞行   D 客机的飞行高度不适合跳伞

89. 关于跳伞，下列哪项正确？
   A 专业性很强   B 很容易掌握
   C 跳伞高度越高越好   D 对跳伞者年龄有特殊要求

90. 上文主要谈什么？
   A 跳伞运动的特点   B 飞机是如何飞行的
   C 影响人们高空跳伞的因素 D 飞机上为什么没有降落伞

三、书 写

第91-98题：完成句子。

例如：发表　　这篇论文　　什么时候　　是　　的

　　这篇论文是什么时候发表的？

91．抽屉　　充电器　　不在　　里

92．服装出口　　今年本市　　增长　　近6%

93．比陆地　　面积　　海洋的　　大得多

94．他　　打听一下　　帮我　　答应

95．竹子的　　很　　用途　　广泛

96．合租了　　公寓　　那几个年轻人　　一套

97．主持下礼拜的　　公司决定　　由你　　开幕式

98．女性　　这种产品　　是专门　　为　　设计的

第二部分

第 99-100 题：写短文。

99. 请结合下列词语（要全部使用，顺序不分先后），写一篇 80 字左右的短文。

   报名 资料 计划 刻苦 实现

100. 请结合这张图片写一篇 80 字左右的短文。

H51224 卷听力材料

（音乐，30秒，渐弱）

大家好！欢迎参加 HSK（五级）考试。
大家好！欢迎参加 HSK（五级）考试。
大家好！欢迎参加 HSK（五级）考试。

HSK（五级）听力考试分两部分，共 45 题。
请大家注意，听力考试现在开始。

第一部分

第 1 到 20 题，请选出正确答案。现在开始第 1 题：

1. 女：这幅画是不是挂歪了？
   男：嗯，是有点儿斜，我重新弄吧。
   问：那幅画怎么了？

2. 男：请问补票去哪节车厢？
   女：七号车厢，列车长办公室，在那儿办理补票手续。
   问：他们最可能在哪儿？

3. 女：总算把活儿干完了，可把我累坏了。
   男：你辛苦了，快坐下来休息休息，今天的晚饭我来做。
   问：女的怎么了？

4. 男：你好，我昨天在你们这儿订了一个位子，我姓赵。
   女：赵先生……有您的登记信息，三号桌，我带您过去。
   问：关于赵先生，可以知道什么？

5. 女：外面雾很大，估计咱们今天不能走高速了。
   男：我看雾一会儿就能散，再等等，晚点儿出发也可以。
   问：现在天气怎么样？

6. 男：这么晚了，儿子怎么还不睡觉？
   女：明天是辩论会的决赛，他有点儿兴奋，睡不着。
   问：儿子现在心情怎么样？

7. 女：这块儿布料不错，做卧室的窗帘怎么样？
   男：图案很好看，但颜色不太适合卧室，我看放客厅比较好。
   问：男的是什么意思？

8. 男：你看一下体育频道是不是在转播足球比赛？
   女：没到时间呢，等我看完这个连续剧就差不多了。
   问：男的想看什么节目？

9. 女：这些照片都是你拍的？你的摄影技术真不错。
   男：哪里哪里，主要是那儿的景色漂亮。
   问：女的觉得男的哪方面不错？

10. 男：昨天你去听刘教授的讲座了吗？
    女：我本来打算去的，但是导师临时让我写一份实验报告，就没去成。
    问：女的为什么没去听讲座？

11. 女：李总，您能抽出宝贵的时间参加这次宴会，我们感到十分荣幸。
    男：你太客气了，谢谢你们的邀请。
    问：关于男的，可以知道什么？

12. 男：你也认识谢教练？
    女：是啊，他以前是我们学校的体育老师，我还跟他学过武术和太极拳
        呢。
    问：关于谢教练，下列哪项正确？

13. 女：快十二点了，去餐厅吃饭吧？
    男：你先去吧，我要先去趟邮局寄个包裹，等会儿再去吃。
    问：男的中午要去哪儿？

14. 男：国庆节快到了，你有什么计划吗？
    女：我打算去西安玩儿，那儿的名胜古迹多，风景也不错。
    问：女的国庆节有什么安排？

15. 女：今天这么热，你还去钓鱼？
    男：没事，虽然有点儿晒，但是有风，坐在湖边应该不会太热。
    问：男的打算去做什么？

16. 男：刘秘书，那个合作方案做得怎么样了？
    女：基本上完成了，但还有一些细节需要修改一下，下午可以交给您。
    问：关于合作方案，可以知道什么？

17. 女：服务员，这个麦克风没有声音，你帮我看一下。
    男：可能是接触不太好，我去给您换一个，您稍等。
    问：根据对话，下列哪项正确？

18. 男：请问，在哪儿开发票？
    女：总服务台，您一直往前走，走到头儿右拐，就能看见。
    问：男的要做什么？

19. 女：怎么样？那支股票买对了吧？
    男：目前是涨了点儿，但我还是不太看好它，要不趁着形势好卖了吧。
    问：男的是什么意思？

20. 男：工作这么稳定，你又干得不错，怎么会想到辞职呢？
    女：就是因为太稳定了，我才想换。我想趁着年轻多锻炼锻炼，丰富一
        下自己的经历。
    问：女的为什么要辞职？

第二部分

第 21 到 45 题，请选出正确答案。现在开始第 21 题：

21. 女：天真热，我们去游泳吧？
    男：好啊，我正好在楼下那家俱乐部办了一张游泳卡。
    女：不是只限本人使用吗？
    男：不是，谁去都可以，这卡是不记名的。
    问：关于游泳卡，可以知道什么？

22. 男：这个菜味道怎么样？
    女：不错，要是再加点儿醋就更好了。
    男：好，我去拿醋。
    女：顺便把辣椒酱也拿过来吧。
    问：那个菜怎么样？

23. 女：你住得那么远，为什么不搬到公司附近住呢？
    男：我跟房东签了两年合同，年底才到期呢。
    女：怪不得。不过现在也十月了，快了。
    男：是。还好我开车上下班，还算方便。
    问：男的为什么没搬家？

24. 男：您好，我想替我妻子开一个新账户。
　　女：您带她的身份证了吗？
　　男：复印件可以吗？我没拿原件。
　　女：对不起，先生，没有原件无法办理。
　　男：好吧，那我现在回去拿。
　　问：男的要回去拿什么？

25. 女：你一上午打了好几个喷嚏，是不是着凉了？
　　男：可能是空调吹的。
　　女：咱们办公室的确有点儿冷，我去关上吧。
　　男：好，谢谢你。
　　问：女的要去做什么？

26. 男：我的公交卡没钱了，你等我一下，我去前面充点儿钱。
　　女：这儿不是有自助充值机吗？
　　男：这个机器能找零吗？我没带零钱。
　　女：当然可以。
　　问：男的要做什么？

27. 女：你的简历我们已经看过了，你这周三上午能过来面试吗？
　　男：可以。我需要准备什么材料吗？
　　女：带上毕业证就行，具体安排稍后我会发到你邮箱里。
　　男：好的，谢谢你。
　　问：关于男的，下列哪项正确？

28. 男：我下午给你打电话，你怎么一直关机呢？
　　女：别提了，我昨晚才充的电，今早到单位就没电了，也不知道是不是手机出了问题。
　　男：也有可能是电池的毛病，你换块儿新电池试试。
　　女：好吧。
　　问：男的有什么建议？

29. 女：小张，回家的机票买到了吗？
　　男：买到了，可惜没有折扣，比我上次买的往返机票还贵。
　　女：看来元旦期间票价涨了不少。
　　男：是啊，下次一定要提前订。
　　问：他们在谈什么？

30. 男：听说你扭到腰了，医生怎么说？
　　女：他说只要多休息，不做剧烈运动，很快就没事了。
　　男：那下礼拜的运动会你还能参加吗？
　　女：不能了，教练已经让小李代替我参赛了。
　　问：女的怎么了？

第 31 到 32 题是根据下面一段话：

最近老王换了新房子，我们一起去他家表示祝贺。大家一边欣赏新房，一边称赞他家的装修。有人问："窗帘是谁挑的？"老王说："我太太。"又有人问："地毯是谁选的？""我太太。""那沙发呢？"老王回答："所有的家具都是我太太挑选的。"我终于忍不住问道："这房子里究竟哪一样是你挑选的呢？"老王思考了片刻，说："我太太。"

31．说话人去老王家做什么？
32．根据这段话，可以知道什么？

第 33 到 35 题是根据下面一段话：

甲、乙两人驾驶一艘游艇到一个小岛上玩儿，他们在岛上一直玩儿到傍晚退潮。当他们返回岸边准备驾船离去时，才发现游艇搁浅了，动弹不得。甲非常着急，想尽各种方法想让游艇重新入水，而乙却躺在沙滩上，一副若无其事的样子。

"你赶紧过来帮忙啊，难道你一点儿也不担心吗？"甲喊道。乙却回答："现在做什么都无济于事，着急有什么用？等涨潮了，游艇自然会回到水里。"

很多事情操之过急并不能达到目的，有时候耐心等待，到恰当时机再努力，反而会有所收获。

33．甲为什么很着急？
34．关于乙，下列哪项正确？
35．这段话主要想告诉我们什么？

第 36 到 38 题是根据下面一段话：

有位篮球运动员身高只有一米六五，但是他在比赛中的成绩却很突出，很受球迷欢迎。他利用身体灵活的优势，以闪电般的速度把那些人高马大的对手搞得晕头转向。在接受记者采访时，他说："我从不去想自己是个矮个子，在篮球场上忘掉自己的短处，这点非常重要。"

现在很多人都深信"木桶理论"，努力补上自己的短板，但是有些短处是没法改变的，也是不需要改变的。有时候我们需要做的是忘掉自己的短处，把精力集中到长处上，充分发挥自己的长处。

36．那位篮球运动员的优势是什么？
37．根据这段话，下列哪项正确？
38．这段话主要想告诉我们什么？

第 39 到 41 题是根据下面一段话:

一本杂志刊登了这样一个竞答题目:"如果有一天国家博物馆起了大火,而当时的条件只允许从馆内众多艺术珍品中抢救出一件,请问你会选择哪一件?"在数以万计的读者来信中,一位年轻画家的答案被认为是最好的——选择离门最近的那一件。

这是一个出人意料却又合情合理的答案。因为馆内的每一件收藏品都是举世无双的瑰宝,与其浪费时间选择,还不如抓紧时间抢救一件算一件。

有时候最佳目标并不是最有价值的那个,而是最可能实现的那个。放弃那些大而华丽的目标,把重点放在伸手可及的眼前,才能在有限的时间里,实现更大的人生价值。

39. 读者来信中的最佳答案是什么?
40. 根据这段话,下列哪项正确?
41. 这段话主要想告诉我们什么?

第 42 到 43 题是根据下面一段话:

人际关系是相互的:你尊重别人,别人也会尊重你;你仇视别人,别人也不会喜欢你。用指责和仇视的方式对待别人,换来的将会是更多的敌意和批评,只有理解和尊重才能换来敬意与支持。一个既能坚持自己观点,同时也能认真倾听他人意见,理解并尊重他人的人,才会赢得更多尊重。

42. 根据这段话,下列哪项正确?
43. 这段话主要谈什么?

第 44 到 45 题是根据下面一段话:

大家都说染布匠张三是全市最聪明的人,有个人听了很不服气。一天,这个人拿着一块儿白布找到张三说:"请你把这块儿布给我染成世界上没有的一种颜色。"

张三问:"什么是世界上没有的颜色呢?"

那个人说道:"不是红色,不是黑色,不是蓝色,也不是黄色,更不是绿色,反正是一种世界上没有的颜色。"

张三说:"好吧,那我就按照您的意思染吧!"

那个人又问:"我什么时候来取呢?"

张三回答:"请您找个世界上没有的日子来取吧。"

44. 那个人想把布染成什么颜色?
45. 根据这段话,可以知道什么?

听力考试现在结束。

H51224 卷答案

一、听 力

第一部分

1. A	2. B	3. A	4. C	5. A
6. B	7. C	8. C	9. D	10. D
11. B	12. B	13. B	14. A	15. C
16. A	17. D	18. B	19. C	20. D

第二部分

21. D	22. D	23. C	24. D	25. A
26. A	27. B	28. B	29. A	30. C
31. C	32. C	33. B	34. B	35. C
36. D	37. C	38. D	39. D	40. C
41. D	42. B	43. A	44. B	45. B

二、阅 读

第一部分

46. D	47. C	48. B	49. A	50. D
51. A	52. C	53. B	54. A	55. D
56. A	57. A	58. B	59. D	60. C

第二部分

61. D	62. B	63. C	64. C	65. A
66. D	67. B	68. B	69. A	70. A

第三部分

71. D	72. B	73. C	74. D	75. C
76. C	77. D	78. B	79. A	80. A
81. D	82. A	83. B	84. C	85. C
86. C	87. A	88. D	89. A	90. D

三、书 写

第一部分

91. 充电器不在抽屉里。

92. 今年本市服装出口增长近 6%。

93. 海洋的面积比陆地大得多。

94. 他答应帮我打听一下。

95. 竹子的用途很广泛。

96. 那几个年轻人合租了一套公寓。

97. 公司决定由你主持下礼拜的开幕式。

98. 这种产品是专门为女性设计的。

第二部分

（略）

孔子学院总部/国家汉办
Confucius Institute Headquarters(Hanban)

汉 语 水 平 考 试
HSK（五级）

H51225

注 意

一、HSK（五级）分三部分：

    1．听力（45 题，约 30 分钟）

    2．阅读（45 题，45 分钟）

    3．书写（10 题，40 分钟）

二、**听力结束后，有 5 分钟填写答题卡。**

三、全部考试约 125 分钟（含考生填写个人信息时间 5 分钟）。

中国　北京　　　　　　　　　　孔子学院总部/国家汉办　　编制

一、听 力

第一部分

第1-20题：请选出正确答案。

1. **A** 处理存货
   B 增强竞争力
   C 增加销售额
   D 提高知名度

2. **A** 机场
   B 火车站
   C 加油站
   D 高速公路上

3. **A** 鼠标
   B 键盘
   C 硬盘
   D 数据线

4. **A** 课程简单
   B 想当设计师
   C 服装设计很赚钱
   D 听从父母的意见

5. **A** 通过了
   B 很有创意
   C 内容不全
   D 还需要修改

6. **A** 客厅小
   B 卧室少
   C 价格不合适
   D 位置特别好

7. **A** 经常失眠
   B 要求转院
   C 刚吃过药
   D 刚做过手术

8. **A** 印名片
   B 动画片
   C 招聘计划
   D 公司文件

9. **A** 写申请
   B 签合同
   C 存钱买车
   D 考驾驶执照

10. **A** 不能退货
    B 鞋的质量很好
    C 可以取消订单
    D 没有预订成功

11. **A** 害羞了
    B 过敏了
    C 烫伤了
    D 觉得惭愧

12. **A** 电话一直占线
    B 开幕式推迟了
    C 主持人还没有到
    D 还有两位嘉宾要联系

13. A 交通不便

    B 服务一般

    C 那家店在装修

    D 菜的味道不好

14. A 在实习

    B 在做实验

    C 去外地旅游了

    D 去农村调研了

15. A 挂号

    B 签字

    C 开发票

    D 递简历

16. A 刚擦完地

    B 水管漏水

    C 水龙头没关

    D 水壶被碰倒了

17. A 太短了

    B 很时髦

    C 显得大方

    D 图案不好

18. A 出差

    B 看亲戚

    C 参加婚礼

    D 同学聚会

19. A 猜谜语

    B 发短信

    C 查资料

    D 看电视连续剧

20. A 打算辞职

    B 被录取了

    C 正在找工作

    D 忘带证件了

第 二 部 分

第 21-45 题：请选出正确答案。

21. A 着凉了
    B 发烧了
    C 迷路了
    D 失业了

22. A 说明书
    B 录音材料
    C 会议记录
    D 宣传材料

23. A 明天重播
    B 观众很失望
    C 双方都很厉害
    D 江苏队落后一分

24. A 天气不好
    B 路面太滑
    C 机长生病了
    D 机场关闭了

25. A 手机
    B 钥匙
    C 电池
    D 充电器

26. A 涨工资了
    B 负责新项目
    C 被领导责备了
    D 提出了新方案

27. A 用醋洗
    B 用牙膏刷
    C 去商店更换
    D 送到商店清洗

28. A 要加班
    B 不感兴趣
    C 没有相机
    D 要去机场接人

29. A 报名结束了
    B 女的接到邀请了
    C 男的想做志愿者
    D 学校要举办庆祝活动

30. A 退休了
    B 爱下象棋
    C 现在很清闲
    D 在学太极拳

31. A 它没看见
    B 它受伤了
    C 它已经跑累了
    D 那些羊太狡猾

32. A 目标要专一
    B 做事要主动
    C 要善于观察
    D 要学会配合

33. A 有人预订
   B 打算改卖木盒
   C 喜欢木盒的气味
   D 为了卖出更多珠宝

34. A 相当重
   B 很结实
   C 十分精美
   D 用途很广

35. A 要言行一致
   B 不要以貌取人
   C 不能只看表面
   D 不要不懂装懂

36. A 爱坐前排的
   B 严肃认真的
   C 喜欢提问的
   D 爱与老师交流的

37. A 数据错了
   B 分三个阶段
   C 是教授完成的
   D 多数人喜欢坐后排

38. A 要珍惜时间
   B 要有怀疑精神
   C 要多向别人学习
   D 要保持向上的心态

39. A 淘金方法
   B 成功之道
   C 怎样创业
   D 如何树立企业形象

40. A 放弃回家
   B 建一座桥
   C 绕道过河
   D 买船搞营运

41. A 不要害怕冒险
   B 做生意要讲诚信
   C 要敢于承担责任
   D 学会换角度考虑问题

42. A 便宜了
   B 不新鲜
   C 太硬了
   D 比以前小

43. A 很聪明
   B 很小气
   C 数学不好
   D 带的钱不够

44. A 不去管它
   B 把洞补好
   C 找东西盖上
   D 把衣服扔掉

45. A 知错要改
   B 做人要虚心
   C 应避免犯错误
   D 眼见不一定为实

二、阅 读

第一部分

第46-60题：请选出正确答案。

46-48.

如果去参加一个有许多陌生人在场的聚会，你首先应该去寻找比较熟悉的人，这对于消除紧张心理、稳定 __46__ 很有帮助。万一找不到熟人，你也不必紧张，此时先别忙着开口，而是用耳朵去听，用眼睛去看。__47__ 打量每个在场的陌生人，如果你发现这些人中，有一个人和你一样没有熟人，孤单单地坐在角落里，你可以 __48__ 走到他跟前，向他做自我介绍，同他交谈几句。这时无论是他还是你，都会为摆脱了窘境和孤单而感到高兴。

46. A 情绪　　　B 情景　　　C 语气　　　D 感想
47. A 周到　　　B 勤劳　　　C 仔细　　　D 成熟
48. A 友好　　　B 主动　　　C 体贴　　　D 沉默

49-52.

足球运动之所以能成为当今世界上开展最广、影响最大、最具魅力的体育项目，原因有两点：一是足球本身的特点，足球比赛 __49__ 简单，易于开展；二是足球运动对抗性强，技术、战术 __50__ 。比赛常常在高速奔跑中进行，__51__ ，将高超的个人技术与巧妙的集体战术融为一体，使得足球运动 __52__ 了一种令人不可抗拒的魅力。毫无疑问，有着如此丰富内涵和感染力的足球是一种艺术，是当之无愧的"世界第一运动"。

49. A 纪律　　　B 规模　　　C 规则　　　D 形势
50. A 复杂　　　B 合格　　　C 深刻　　　D 宝贵
51. A 输赢具有偶然性　　　　　　B 与教练的指导分不开
　　 C 首先要制定一套计划　　　　D 再加上运动员的出色表演
52. A 成长　　　B 产生　　　C 导致　　　D 成立

53-56.

过程是一根线，结果是一个点。就拿登山来说，在登山的过程中，你可以走走停停，欣赏鲜花， 53 美景，享受清风的抚摸，静听小鸟的鸣唱。这一路上的胜景，就好像用一根线串在一起，串成一连串的幸福，系在心间。而登山的结果，就是登上山顶。也许在山顶你能享受到一种征服山峰的幸福，但这种幸福 54 是暂时的，因为山顶只是一个点，你终究要从这个点走下来，随着你走下山顶，那种在山顶上的幸福感也就 55 了。

过程是绵长的，结果是短暂的。一根线的幸福，是拥有无数点的幸福，而一个点的幸福， 56 ，瞬间就会过去。

53. A 游览　　B 想象　　C 传播　　D 思考
54. A 未必　　B 毕竟　　C 幸亏　　D 反正
55. A 消失　　B 落后　　C 退步　　D 省略
56. A 是长久的　　　　　　　　B 在征服大自然中
　　C 引起了人们的注意　　　　D 在漫长的人生旅途中

57-60.

为什么在飞机上打移动电话很危险？原来，飞机在天空中是按照规定的方向飞行的， 57 飞行过程都要受到地面管理人员的指挥。飞机在飞行时需要 58 某种设备与地面进行联系，这种设备在接到地面指挥中心不断发出的信号后， 59 。如果发现飞机离开了规定的方向，它就会 60 自动改正错误，保证飞机正常飞行。但是，当移动电话工作时，它所发射的无线电波会影响飞机上的设备和控制系统。因此，在飞机上是不能使用移动电话的。

57. A 整个　　B 广大　　C 整体　　D 个别
58. A 参考　　B 利用　　C 从事　　D 发挥
59. A 可以安全起飞　　　　　　B 而且知道飞行速度
　　C 就能避开飞行的鸟　　　　D 就能确定飞机的准确位置
60. A 反复　　B 立即　　C 相对　　D 更加

第二部分

第 61-70 题：请选出与试题内容一致的一项。

61. 考试紧张是一种常态，绝大多数人考试都会紧张。但是紧张应该有一个度，适度紧张有利于考生集中精力完成考试。所以，如果孩子考试时有些紧张，家长不用过分担心。

   A 适度紧张有好处
   B 家长要多关心孩子
   C 紧张不利于集中精力
   D 考试成绩不是最重要的

62. 春秋时，宋国司城子罕为官公正廉洁，深受百姓爱戴。有人得到一块儿宝玉，拿去献给子罕，子罕说："您以宝玉为宝，而我以不贪为宝。如果我接受了您的玉，那我们俩就都失去了自己的宝物，倒不如我们各有其宝呢。"

   A 子罕不喜欢玉
   B 子罕很珍惜友谊
   C 子罕没有接受宝玉
   D 子罕比那个人富有

63. 香蕉味道甘甜，具有较高的药用价值，其主要功用是清理肠胃、治疗便秘，并有清热润肺、止渴、解酒等功效。由于香蕉属于寒性水果，所以脾胃虚寒、胃痛、腹泻的人应该少吃，胃酸过多者最好不吃。

   A 吃香蕉可以减肥
   B 喝酒后不能吃香蕉
   C 香蕉吃得越多越好
   D 胃不好的人不适合吃香蕉

64.《舌尖上的中国》是一部大型美食类纪录片。该片全方位地展示了中国博大精深的饮食文化、千差万别的饮食习惯、独特的味觉审美以及由此上升到生存智慧层面的东方生活价值观，让观众从饮食文化的角度，全面认识了传统和变化着的中国。

   A 东西方饮食文化差别很大
   B 中国饮食文化包含着生存智慧
   C 中国南北方饮食习惯基本相同
   D 中国饮食文化有 1000 多年的历史

65. 有些人习惯埋怨别人的过错，指责别人的缺点，他们不是觉得周围的环境和人处处跟自己作对，就是认为自己"曲高和寡"，一般人无法理解自己深刻的思想。实际上，他们没有意识到真正的问题不是来自于周围，而是来自于他们自己。有这样心态的人，应该学会反省自己，而不是一味抱怨别人。

    A 要学会原谅别人
    B 听音乐能缓解情绪
    C 要学会从自身找原因
    D 不要在背后议论别人

66. 精卫填海讲的是中国上古时期一种叫精卫的鸟努力填平大海的故事。精卫原来是炎帝的女儿，在东海游玩儿时，不幸溺水而亡。死后她变成了鸟，每天衔来石子和树枝，投到大海里，想要把东海填平。后来人们常用精卫填海这个成语，比喻按照既定目标，不畏艰难地奋斗到底。

    A 精卫不会划船
    B 精卫把东海填平了
    C 精卫对东海之神非常敬畏
    D 精卫填海体现了坚持到底的精神

67. 机遇就像小偷，来的时候无声无息，走的时候却让你损失惨重，后悔不已。每个人的一生，都会有很多机遇，关键是机遇来临时，你能否把握住。抓住机遇最好的办法，就是每天激情澎湃地工作，把每项工作都当成一次机遇来对待，这样才能在机遇来临时，紧紧将它抓住。

    A 获得机会要靠运气
    B 勤奋的人更受欢迎
    C 要学会合理分配时间
    D 要善于抓住身边的机会

68. 书院是宋代的地方教育组织。书院之名最早见于唐代，发展于宋代。最初的书院是民办的，一些富人和学者自行筹款，在山中僻静的地方修建学堂，组织教学。中国古代有四大书院，即岳麓书院、白鹿洞书院、嵩阳书院和应天书院。

    A 书院在古代不受重视
    B 唐代的书院是官办的
    C 书院最初是民办的学堂
    D 四大书院是宋代的官办教育机构

69. 植物也会"犯困"，比如生长在水面的睡莲，每当旭日东升时，它那美丽的花瓣就会慢慢舒展开，似乎正从甜蜜的睡梦中苏醒；而当夕阳西下时，它便闭拢花瓣，重新进入睡眠状态。由于它"昼醒晚睡"的规律性特别明显，故而获得了"睡莲"的芳名。

    A 植物也有睡眠

    B 睡莲的花期很短

    C 睡莲一般在晚上开花

    D 植物睡眠是由气候变化引起的

70. 心动不如行动，虽然行动未必会成功，但不行动则一定不会成功。生活不会因为你想做什么就给你回报，只有当你真正做了些什么的时候，才会给你回报。理想只是成功的开始，一个人的成功要在行动中实现。只有行动，才是滋养成功的泉水。

    A 成功要靠行动

    B 考虑问题要全面

    C 要敢于挑战自己

    D 理想不能脱离实际

第三部分

第71-90题：请选出正确答案。

71-74.

一家濒临倒闭的食品公司为了起死回生，决定裁员。三种人被列入了裁员名单：一是清洁工，二是司机，三是仓管人员。经理找他们谈话，说明了裁员的意图。清洁工说："我们很重要，如果没有我们打扫卫生，哪有干净整洁的工作环境？大家怎么能全身心投入工作？"司机说："我们很重要，这么多产品，如果没有司机，怎么能迅速销往市场？"仓管人员说："我们很重要，如果没有我们，这些食品岂不要被人偷光？"经理觉得他们说的话都很有道理，权衡再三决定不裁员。最后，经理在公司门口挂了一块儿大匾，上面写着：我很重要。

职工们每天上班时，第一眼看到的便是"我很重要"这 4 个字。不管是一线职工还是管理层，都认为领导很重视他们，因此工作都很卖力。这几个字调动了全体职工的积极性，几年后公司便迅速崛起了。

任何时候都不要看轻自己，在关键时刻，勇敢地说出"我很重要"，或许你的人生会由此揭开全新的一页。

71. 清洁工为什么觉得自己很重要？
   A 给大家带来了快乐   B 保证了食品的卫生
   C 创造了干净的工作环境   D 减轻了别人的工作负担

72. 经理最后的决定是什么？
   A 关闭公司   B 开发新产品
   C 向银行贷款   D 不辞退任何人

73. 那块儿匾：
   A 是员工送的   B 作用不明显
   C 挂在经理办公室   D 提高了员工的积极性

74. 上文主要想告诉我们：
   A 要尊重别人   B 要重视自己
   C 要多与人合作   D 要严格要求自己

75-78.

　　有个女孩儿用一个月的薪水，买了一件心仪已久的衣服。穿上新衣服的她，看着别人惊艳的眼神，心中充满了自信，工作也有了很大的进步。

　　可是有一天，她发现衣服上的一枚纽扣儿不见了。那是一种形状很奇特的纽扣儿，她翻遍衣柜，也没有找到，于是就穿了另一件衣服去上班。到了公司，她觉得每个人看她的眼神都怪怪的，似乎没有了那件衣服，自己仍然是个极平凡的女孩儿。她心里一直想着那件衣服，一整天都打不起精神，也没有了平日的自信。

　　下班后，她在家里又找了一遍，依然没有找到。随后她又跑遍了商店，也没有买到同样的纽扣儿，她的心情暗淡到了极点。从此，那件衣服便被束之高阁，女孩儿初穿它时的自信与热情消失得无影无踪，工作也慢慢消极起来。

　　一天，一个朋友来访，偶然看到了那件衣服，吃惊地问："这么漂亮的衣服你怎么不穿呢？"她说："丢了一枚扣子，又买不到同样的。"朋友笑着说："那你可以把其他的扣子都换了啊，那不就一样了吗？"女孩儿听了非常高兴，于是选了她最喜欢的扣子，把原来的都换掉了。衣服美丽如初，她也重拾了灿烂的心情。

　　我们常常因为小小的缺憾而放弃一整件事，也常常因为放弃了一件事而使生活变得暗淡。如果我们能用一种全新的心情去替换失望，用笑容填满缺失，那么生命一样是完美无憾的。

75．那件衣服：
　　A 颜色鲜艳　　　　　　　　　　B 样式普通
　　C 给了女孩儿自信　　　　　　　D 使女孩儿显得很苗条

76．女孩儿为什么打不起精神？
　　A 衣服丢了　　　　　　　　　　B 晚上没睡好
　　C 工作不顺心　　　　　　　　　D 找不到配套的纽扣

77．朋友给了女孩儿什么建议？
　　A 再买一件　　　　　　　　　　B 把衣服送人
　　C 换掉所有纽扣儿　　　　　　　D 找人定做纽扣儿

78．上文主要想告诉我们：
　　A 要学会放弃　　　　　　　　　B 要追求完美
　　C 不要因小失大　　　　　　　　D 工作需要好心情

79-82.

王献之是著名书法家王羲之的儿子，自幼聪明好学。

一天，小献之问母亲："我只要再写上三年，字就可以写得像父亲一样好了吧？"母亲摇摇头。"5年总行了吧？"母亲又摇摇头。小献之急了，"那您说要多长时间？"母亲说："写完院里这18缸水，你的字才会有筋骨、有血肉。"

小献之有些不服，但什么也没说，一咬牙又练了 5 年。一天，他把一大堆写好的字拿给父亲看，希望听到几句表扬的话。谁知，王羲之边看边摇头，当他看到一个"大"字时，才露出了比较满意的表情，并随手在"大"字下添了一个点儿，然后把字稿全部退还给了献之。

献之仍然不服，又将全部的字抱给母亲看，并说："您再仔细看看，我和父亲的字还有什么不同？"母亲指着王羲之在"大"字下加的那个点儿，叹了口气说："吾儿磨尽三缸水，惟有一点似羲之。"

献之听后很泄气，说："这样下去，什么时候才能赶上父亲呢？"母亲见他不再骄傲，便鼓励道："孩子，只要功夫深，就没有过不去的河、翻不过的山。你只要像这几年一样坚持不懈地练下去，就一定能达到目的。"献之听后深有感触，又锲而不舍地练了下去。功夫不负有心人，后来，献之的书法突飞猛进，字也达到了和父亲一样力透纸背、炉火纯青的程度。

79. 王献之为什么把字拿给父亲看？

    A 想知道练字的重点   B 想得到父亲的称赞

    C 想和父亲交换字画   D 希望以后不用再练字

80. 母亲告诉王献之：

    A 不要骄傲   B 要坚持练习

    C 要懂得欣赏   D 不要羡慕别人

81. 关于王献之，可以知道什么？

    A 好奇心很强   B 不喜欢画画

    C 练字特别刻苦   D 对母亲很孝顺

82. 最适合做上文标题的是：

    A 神童王献之   B 勤奋的王献之

    C 可怜天下父母心   D 青出于蓝而胜于蓝

83-86.

地球上最热的地方在哪里？许多人认为是赤道地区。其实，最热的地方并不在赤道。世界上有许多地方，像中国的塔克拉玛干沙漠、非洲的撒哈拉大沙漠等，白天的最高温度都超过了 45℃；而赤道地区，尽管阳光的照射很强烈，但白天气温很少超过 35℃。

这是因为赤道附近大多是海洋，海洋一方面能把太阳给它的热量传向深处；另一方面海水蒸发会消耗大量的热量，再加上海水的热容量大，水温的升高速度要比陆地慢。因此，白天赤道附近的温度不会急剧上升。

沙漠地区的情况就完全不同了。那里植物稀少、水资源短缺，几乎没有可蒸发的水分，而且沙子热容量小、升温快，热量不容易向地表下层传递。因此，白天沙地表面被太阳晒得滚烫，而下层的沙子却是冷冰冰的。在沙漠地区，每当太阳露面，气温就会急剧上升，地表开始发烫；到了中午，更是骄阳似火，有时最高气温可达 55℃。

另外，赤道上的降雨要比沙漠地区多，几乎每天下午都会下雨，这样一来，下午赤道地区的温度便不会升得很高。而沙漠里经常是大晴天，很少下雨，阳光从早晨一直照到傍晚。所以，最热的地方不在赤道，而是在沙漠里。

83. 关于赤道地区，可以知道：
   A 早晚温差大　　　　　　　B 气温升高较慢
   C 平均温度 35℃　　　　　　D 四季气候变化明显

84. 沙漠地区有什么特点？
   A 地面传热快　　　　　　　B 水分蒸发慢
   C 日照时间最长　　　　　　D 白天地表温度很高

85. 根据上文，下列哪项正确？
   A 赤道地区降雨较多　　　　B 沙漠地区空气湿度大
   C 沙漠地区植物种类多　　　D 赤道地区地下水资源丰富

86. 上文主要谈什么？
   A 海洋的作用　　　　　　　B 赤道地区的气候
   C 沙漠缺水的原因　　　　　D 沙漠比赤道更热的原因

87-90.

唐太宗李世民堪称中国古代少有的开明君主。他登上皇位后，吸取历史上的教训，广开言路，鼓励大臣们多提意见。魏征是一位敢于说话而且善于言辞的大臣。唐太宗曾问魏征，皇帝如何才能保持头脑清醒而不昏庸？魏征的回答是：兼听则明，偏信则暗。意思是广泛地听取大家的意见就能做到开明；偏信某一个或某一些人就会变得昏庸。

有一年，宰相向唐太宗建议：不满 18 岁的青年男子，只要身形高大、体格强壮，都可以应征入伍。唐太宗批准了这个建议，但奏章却多次被魏征驳回。唐太宗非常生气，于是召集众臣，当面训斥魏征。谁知魏征毫无惧色，并说道："把湖水淘干，可以把鱼捕得一干二净，但第二年就没有鱼可捕了；把森林烧光，林中的野兽无处藏身，但第二年也就没有野兽可猎了。现在就把不满 18 岁的强壮男子都收入军队，不留任何余地，那么以后国家向谁去征税呢？"几句话说得唐太宗<u>恍然大悟</u>，于是听从了魏征的意见，并重赏了他。

87. 魏征认为皇帝怎样才能保持头脑清醒？
    A 多读书
    B 多听大家的意见
    C 提高文官的地位
    D 坚持自己的想法

88. 关于唐太宗，可以知道：
    A 对宰相很不满意
    B 不懂得保护森林
    C 促进了民族团结
    D 善于吸取历史教训

89. 第 2 段中的"恍然大悟"是什么意思？
    A 难以相信
    B 不能理解
    C 突然明白了
    D 有点儿后悔

90. 根据上文，下列哪项正确？
    A 唐朝税收很低
    B 皇帝奖励了魏征
    C 魏征不同意捕鱼
    D 魏征和宰相关系不好

三、书 写

第一部分

第91-98题：完成句子。

例如：发表　　这篇论文　　什么时候　　是　　的

　　这篇论文是什么时候发表的？

91. 信号　　电梯里的　　弱　　比较

92. 罐头　　那瓶　　过期　　了

93. 没能　　他们俩　　谁也　　说服对方

94. 是中国的　　传统武术　　一种　　太极拳

95. 这次多亏了　　积极　　你的　　配合

96. 请按照　　一下　　这个样式　　修改

97. 那个小伙子　　长得　　大家都夸　　英俊

98. 消费者要　　自己的　　权利　　维护　　懂得

第二部分

第 99-100 题：写短文。

99. 请结合下列词语（要全部使用，顺序不分先后），写一篇 80 字左右的短文。

通讯　促进　随时　距离　普遍

100. 请结合这张图片写一篇 80 字左右的短文。

H51225卷听力材料

（音乐，30秒，渐弱）

大家好！欢迎参加HSK（五级）考试。
大家好！欢迎参加HSK（五级）考试。
大家好！欢迎参加HSK（五级）考试。

HSK（五级）听力考试分两部分，共45题。
请大家注意，听力考试现在开始。

第一部分

第1到20题，请选出正确答案。现在开始第1题：

1. 女：最近各大商场的优惠活动可真不少。
   男：是，商家都想趁着元旦，增加营业额。
   问：商场为什么要搞优惠活动？

2. 男：一路平安，到家记得给我发短信。
   女：好，快回去吧，火车马上要开了。
   问：他们最可能在哪儿？

3. 女：这么小的包裹，里面是什么啊？
   男：新买的鼠标，原来那个反应太慢了，就买了个新的。
   问：男的买什么了？

4. 男：听说你在学服装设计？
   女：是，我一直都想成为一名服装设计师，所以就选了这个专业。
   问：女的为什么要学服装设计？

5. 女：小王，这个宣传计划你拿回去再改一改，超出预算太多了。
   男：好的，那我再重新调整一下，尽快给您。
   问：关于宣传计划，下列哪项正确？

6. 男：您觉得这套房子怎么样？
   女：客厅有点儿小，屋里的光线也不太好，还有其他房子吗？
   问：女的觉得那套房子怎么样？

7. 女：老刘，您太太的手术还顺利吗？
　　男：挺顺利的，医生说她恢复得不错，应该很快就能出院。
　　问：关于老刘的太太，下列哪项正确？

8. 男：我的名片快用完了，公司什么时候印新的啊？
　　女：人事部说下个月统一给大家印。
　　问：他们在讨论什么？

9. 女：你这么了解车，给我推荐一款车吧。
　　男：好啊。不过你现在最要紧的不是选车，而是先把驾照考下来。
　　问：男的认为女的应该先做什么？

10. 男：你好，我刚才在网上订了一双鞋，我可以取消这个订单吗？
　　女：我们一般是下午五点发货，在这之前，您可以随时取消订单。
　　问：女的是什么意思？

11. 女：老李，你的脸怎么红了一大片？
　　男：昨天海鲜吃多了，有点儿过敏。
　　问：老李的脸为什么红了？

12. 男：出席开幕式的嘉宾都联系好了吗？
　　女：有两位还没回复，一会儿我打电话再确认一下。
　　问：根据对话，可以知道什么？

13. 女：中午我们还去那家烤鸭店吃饭吧。
　　男：那家店在装修，暂时不营业，还是去别的餐厅吧。
　　问：男的为什么不去那家烤鸭店？

14. 男：你没回家吗？那你暑假期间都忙什么呢？
　　女：我在一家出版社实习，做图书编辑方面的工作。
　　问：女的暑假为什么没回家？

15. 女：请问发票抬头怎么写？单位还是个人？
　　男：单位，抬头就按照这张名片上的公司名称写。
　　问：男的最可能在做什么？

16. 男：厨房的地怎么湿了？水洒了？
　　女：不是，有根水管漏水了，我已经打电话叫人明天来维修。
　　问：厨房的地为什么湿了？

17. 女：系这条领带怎么样？
    男：这条上面有图案，不适合今晚的宴会，我看还是这条灰色的吧，大
       方一点儿。
    问：男的觉得灰色的领带怎么样？

18. 男：国庆节你打算去哪儿玩儿？
    女：去湖南，有个朋友结婚，我要去参加婚礼，顺便在她那儿玩儿几天。
    问：女的为什么要去湖南？

19. 女：这个谜语挺简单的，你再好好想想。
    男：猜不出来，但我觉得答案应该和中国的风俗习惯有关。
    问：男的在做什么？

20. 男：您好，我是来应聘软件开发工程师的。
    女：请在这里签个字，一会儿我带你过去面试。
    问：关于男的，下列哪项正确？

第二部分

第 21 到 45 题，请选出正确答案。现在开始第 21 题：

21. 女：你怎么了，嗓子不舒服？
    男：好像有点儿感冒，估计是昨晚着凉了。
    女：最近几天降温，早晚温差挺大的，你多注意一点儿。
    男：谢谢您，我会注意的。
    问：男的怎么了？

22. 男：昨天课上的内容你都记下来了吗？
    女：我录音了，你要听吗？
    男：好，我有些地方不太懂，想再听听。
    女：好的。录音材料在我电脑里，等回宿舍我给你复制一份。
    问：男的想要什么？

23. 女：昨天的排球比赛你看了吗？哪个队赢了？
    男：江苏队赢了。
    女：太好了！比赛很精彩吧？
    男：是，对方的实力很强，江苏队赢得并不轻松。
    问：关于比赛，可以知道什么？

24. 男：请问九点飞往北京的航班怎么还不能登机？
    女：对不起，由于大雾天气，飞机暂时不能起飞。
    男：那要等到什么时候？
    女：抱歉，目前还不能确定，请您耐心等候。
    问：飞机为什么不能按时起飞？

25. 女：我记得在办公室抽屉里，怎么没有呢？
    男：你在找什么呢？
    女：充电器，我的手机快没电了。
    男：你先用我的？
    问：女的在找什么？

26. 男：董事会讨论决定，由你来负责这个新项目。
    女：谢谢领导的信任，我一定尽全力做好。
    男：很好。你可以自己来挑选助手，人事部会全力配合你的。
    女：好的，谢谢您。
    问：关于女的，可以知道什么？

27. 女：这条手链怎么越戴越黑呢？
    男：你这个是银的吧？
    女：是啊，才戴了一个月就这样了。
    男：这是氧化了，你回家用牙膏刷一下，就可以恢复到原来的样子了。
    女：是吗？那我试试。
    问：男的建议怎么做？

28. 男：我们俱乐部这个礼拜天有摄影活动，你参加吗？
    女：不好意思，我去不了。
    男：为什么？你不是一直想去体验一下吗？
    女：礼拜天我舅舅来，我得去机场接他。
    男：那太遗憾了，下次吧。
    问：女的为什么不参加摄影活动？

29. 女：今年是建校六十周年，学校要组织一个大型的庆祝活动。
    男：我听说了，而且还要招一些志愿者。
    女：你知道怎么报名吗？我想参加。
    男：你去学院办公室登记一下个人信息就可以了。
    问：根据对话，下列哪项正确？

30. 男：小张，你爸退休了吧？
    女：是，不过他现在比上班还忙。
    男：退休之后不是应该有很多空闲时间吗？
    女：我爸现在上午教人打太极拳，下午教小朋友练书法，时间都排满了。
    问：关于小张的爸爸，可以知道什么？

第31到32题是根据下面一段话：

大草原上，狮子正紧紧地追赶一只羊。在追赶中，狮子超过了一只又一只站在旁边观望的羊，对那些靠得很近的羊，狮子却像没看见一样，一次次地放过。终于，那只被追赶的羊因跑不动而被狮子扑倒了。为什么狮子不放弃原来那只，改去追赶离它更近的羊呢？原来狮子已经跑累了，而其他的羊并没有奔跑。如果在追赶的过程中改变目标，那么，那些没有跑累的羊，会很快把狮子甩在后面。

31．狮子为什么不去追赶离它更近的羊？
32．这段话主要想告诉我们什么？

第33到35题是根据下面一段话：

楚国有一个专门卖珠宝的商人，为了使自己的珠宝更畅销，他特地用名贵的木料做了许多小盒子，把珠宝装在里面卖。这种装珠宝的盒子制作得非常漂亮，而且还散发出一种香味儿。有一个人看见装珠宝的盒子既精致又美观，问明价钱后，就买了一个。那个人打开盒子，把里面的珠宝拿出来退还给珠宝商，拿着空盒子走了。这就是成语"买椟还珠"的由来。这个成语比喻有些人只重视事物的外表，却忽略了真正有价值的东西，取舍不当。

33．商人为什么要做那些盒子？
34．关于那些盒子，可以知道什么？
35．这段话主要想告诉我们什么？

第36到38题是根据下面一段话：

有个教授做过这样一个调查：他曾仔细观察过学生上课时选座位的情况，他发现有的学生总爱坐前排，有的则盲目随意，哪儿都坐，还有一些人似乎特别钟情后面的座位。教授分别记下了他们的名字。十年后，教授发现：爱坐前排的学生中，事业成功的比例比其他两类学生高很多。

其实，很多时候，并不是一定要站在最前面，或永远保持第一的状态，但是我们一定要有这种积极向上的心态。只有怀着一颗积极向上的心，才能以最佳的状态投入到学习和工作当中，才能取得理想的成绩。

36．根据调查，哪类学生的成功比例最高？
37．关于那个调查，可以知道什么？
38．这段话主要想告诉我们什么？

第 39 到 41 题是根据下面一段话:

某电视台邀请一位成功的商人做嘉宾,到场的观众纷纷向他求教成功之道。但商人只是淡淡一笑,说:"还是出个题考考大家吧。某个地方发现了金矿,很多人闻讯赶去,然而一条大河挡住了他们的去路。换做是你,你会怎么做?"有人说绕道走,也有人说游过去。商人含笑不语,最后说:"为什么非得去淘金?为什么不买一条船开展营运呢?"商人继续说:"在那种情况下,你就是把船票价格要得再高,淘金的人也会心甘情愿购买,因为前面有金矿啊!"

想他人不曾想的,做他人不曾做的,这就是成功之道。困境在智者眼中,往往意味着一个潜在的机遇。

39．观众向商人求教什么?
40．商人给出的答案是什么?
41．这段话主要想告诉我们什么?

第 42 到 43 题是根据下面一段话:

有个小男孩儿在一家面包店买一个两块钱的面包,他觉得这个面包比平时买的要小,便对老板说:"你不觉得这个面包比平时的要小一些吗?""哦,没关系,小一些你拿起来不就更轻便吗?""我懂了。"小男孩儿说着,就把一块钱放在柜台上,然后转身朝店外走去。老板叫住他:"喂,你付的面包钱不够!"小男孩儿说:"哦,没关系,少一些你数起来就会更容易。"

42．小男孩儿觉得那个面包怎么样?
43．关于小男孩儿,可以知道什么?

第 44 到 45 题是根据下面一段话:

师傅向他的三个徒弟提了这样一个问题:如果有人当面指出你的新衣服上破了一个洞,你会怎么办?第一个徒弟回答:置之不理。第二个徒弟回答:把它遮掩起来。而第三个徒弟回答道:将它补好。听了第三个徒弟的回答,师傅微微点点头。

这个衣服上的洞就像是我们犯过的错误,对待错误的最佳方法,不是回避,也不是掩饰,而是改正。

44．师傅最满意的回答是哪个?
45．这段话主要想告诉我们什么?

听力考试现在结束。

H51225卷答案

一、听力

第一部分

1. C 2. B 3. A 4. B 5. D
6. A 7. D 8. A 9. D 10. C
11. B 12. D 13. C 14. A 15. C
16. B 17. C 18. C 19. A 20. C

第二部分

21. A 22. B 23. C 24. A 25. D
26. B 27. B 28. D 29. D 30. A
31. C 32. A 33. D 34. C 35. C
36. A 37. C 38. D 39. B 40. D
41. D 42. D 43. A 44. B 45. A

二、阅读

第一部分

46. A 47. C 48. B 49. C 50. A
51. D 52. B 53. A 54. B 55. A
56. D 57. A 58. B 59. D 60. B

第二部分

61. A 62. C 63. D 64. B 65. C
66. D 67. D 68. C 69. A 70. A

第三部分

71. C 72. D 73. D 74. B 75. C
76. D 77. C 78. C 79. B 80. B
81. C 82. B 83. B 84. D 85. A
86. D 87. B 88. D 89. C 90. B

三、书 写

91．电梯里的信号比较弱。

92．那瓶罐头过期了。

93．他们俩谁也没能说服对方。

94．太极拳是中国的一种传统武术。

95．这次多亏了你的积极配合。

96．请按照这个样式修改一下。

97．大家都夸那个小伙子长得英俊。

98．消费者要懂得维护自己的权利。

第二部分

（略）

汉 语 水 平 考 试 HSK（五级）答 题 卡 ■

注意　　请用2B铅笔这样写：■

一、听力

1. [A] [B] [C] [D]　　6. [A] [B] [C] [D]　　11. [A] [B] [C] [D]　　16. [A] [B] [C] [D]　　21. [A] [B] [C] [D]
2. [A] [B] [C] [D]　　7. [A] [B] [C] [D]　　12. [A] [B] [C] [D]　　17. [A] [B] [C] [D]　　22. [A] [B] [C] [D]
3. [A] [B] [C] [D]　　8. [A] [B] [C] [D]　　13. [A] [B] [C] [D]　　18. [A] [B] [C] [D]　　23. [A] [B] [C] [D]
4. [A] [B] [C] [D]　　9. [A] [B] [C] [D]　　14. [A] [B] [C] [D]　　19. [A] [B] [C] [D]　　24. [A] [B] [C] [D]
5. [A] [B] [C] [D]　　10. [A] [B] [C] [D]　　15. [A] [B] [C] [D]　　20. [A] [B] [C] [D]　　25. [A] [B] [C] [D]

26. [A] [B] [C] [D]　　31. [A] [B] [C] [D]　　36. [A] [B] [C] [D]　　41. [A] [B] [C] [D]
27. [A] [B] [C] [D]　　32. [A] [B] [C] [D]　　37. [A] [B] [C] [D]　　42. [A] [B] [C] [D]
28. [A] [B] [C] [D]　　33. [A] [B] [C] [D]　　38. [A] [B] [C] [D]　　43. [A] [B] [C] [D]
29. [A] [B] [C] [D]　　34. [A] [B] [C] [D]　　39. [A] [B] [C] [D]　　44. [A] [B] [C] [D]
30. [A] [B] [C] [D]　　35. [A] [B] [C] [D]　　40. [A] [B] [C] [D]　　45. [A] [B] [C] [D]

二、阅读

46. [A] [B] [C] [D]　　51. [A] [B] [C] [D]　　56. [A] [B] [C] [D]　　61. [A] [B] [C] [D]　　66. [A] [B] [C] [D]
47. [A] [B] [C] [D]　　52. [A] [B] [C] [D]　　57. [A] [B] [C] [D]　　62. [A] [B] [C] [D]　　67. [A] [B] [C] [D]
48. [A] [B] [C] [D]　　53. [A] [B] [C] [D]　　58. [A] [B] [C] [D]　　63. [A] [B] [C] [D]　　68. [A] [B] [C] [D]
49. [A] [B] [C] [D]　　54. [A] [B] [C] [D]　　59. [A] [B] [C] [D]　　64. [A] [B] [C] [D]　　69. [A] [B] [C] [D]
50. [A] [B] [C] [D]　　55. [A] [B] [C] [D]　　60. [A] [B] [C] [D]　　65. [A] [B] [C] [D]　　70. [A] [B] [C] [D]

71. [A] [B] [C] [D]　　76. [A] [B] [C] [D]　　81. [A] [B] [C] [D]　　86. [A] [B] [C] [D]
72. [A] [B] [C] [D]　　77. [A] [B] [C] [D]　　82. [A] [B] [C] [D]　　87. [A] [B] [C] [D]
73. [A] [B] [C] [D]　　78. [A] [B] [C] [D]　　83. [A] [B] [C] [D]　　88. [A] [B] [C] [D]
74. [A] [B] [C] [D]　　79. [A] [B] [C] [D]　　84. [A] [B] [C] [D]　　89. [A] [B] [C] [D]
75. [A] [B] [C] [D]　　80. [A] [B] [C] [D]　　85. [A] [B] [C] [D]　　90. [A] [B] [C] [D]

三、书写

91.

92.

93.

94.

汉 语 水 平 考 试 HSK（五级）答题卡 ■

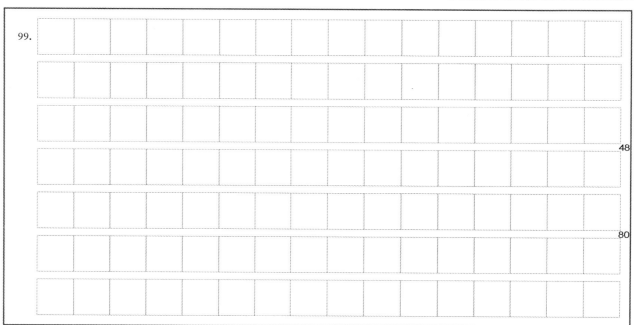

不要写到框线以外！

郑重声明

高等教育出版社依法对本书享有专有出版权。任何未经许可的复制、销售行为均违反《中华人民共和国著作权法》，其行为人将承担相应的民事责任和行政责任；构成犯罪的，将被依法追究刑事责任。为了维护市场秩序，保护读者的合法权益，避免读者误用盗版书造成不良后果，我社将配合行政执法部门和司法机关对违法犯罪的单位和个人进行严厉打击。社会各界人士如发现上述侵权行为，希望及时举报，本社将奖励举报有功人员。

反盗版举报电话　　（010）58581897　58582371　58581879
反盗版举报传真　　（010）82086060
反盗版举报邮箱　　dd@hep.com.cn
通信地址　北京市西城区德外大街4号　高等教育出版社法务部
邮政编码　100120

图书在版编目（CIP）数据

HSK真题集：2014版．五级／孔子学院总部／国家汉办编制．-- 北京：高等教育出版社，2014.1（2016.1重印）
ISBN 978-7-04-038979-1

Ⅰ．①H…　Ⅱ．①孔…　Ⅲ．①汉语－对外汉语教学－水平考试－试题　Ⅳ．①H195

中国版本图书馆CIP数据核字（2014）第007127号

策划编辑　梁　宇	责任编辑　巩　婕	封面设计　李树龙	
责任校对　巩　婕	责任印制　耿　轩		

出版发行	高等教育出版社	咨询电话	400-810-0598
社　　址	北京市西城区德外大街4号	网　　址	http://www.hep.edu.cn
邮政编码	100120		http://www.hep.com.cn
印　　刷	大厂益利印刷有限公司	网上订购	http://www.landraco.com
开　　本	889mm×1194mm 1/16		http://www.landraco.com.cn
印　　张	8.75	版　　次	2014年1月第1版
字　　数	190千字	印　　次	2016年1月第7次印刷
购书热线	010-58581118	定　　价	67.00元（含光盘）

WHITESNAKE

AN ILLUSTRATED BIOGRAPHY

BY SIMON ROBINSON

Omnibus Press

London/New York/Sydney

© Copyright 1989 Omnibus Press
(A Division of Book Sales Limited)

Edited by Chris Charlesworth
Art Editor Tony Foo
Designed by Tomcat Design
Picture research by Debbie Dorman
Typesetting and project co-ordination by Caroline Watson

ISBN 0.7119.1550.4
Order No. OP44908

Exclusive distributors:
Book Sales Limited,
8/9 Frith Street, London W1V 5TZ, UK.

Music Sales Corporation,
225 Park Avenue South, New York, NY 10003, USA.

Music Sales Pty Limited,
120 Rothschild Avenue, Rosebery, NSW 2018, Australia.

To the Music Trade only:
Music Sales Limited,
8/9 Frith Street,
London W1V 5TZ, UK.

Picture credits:
J Colletta: p21, 24/25 (B), 25 (TL&TB), 26 (T), 27, 28, 31 (TC), 33, 34 (T), 39, 44, 51 (L),
Back Cover.
Fin Costello: pb, 10 (T&2C), 32 (C), 36 (BL&R)
Tony Edwards: p10 (BL), p13.
London Features Int: p14, 18 (R), 19 (R), 23, 24 (TR), 29, 46/47, 69, 74, 76, 78, 79 (L&R),
80, 82 (T&B), 83, 86 (BR).
Neil Murray: p43×3, 46 (T&C), 50, 70, 71 (T&B), 72, 73 (C&B), 75 (C&R)
Pictorial Press: p8 (T&B), 9, 49, 52/53, 64, 77.
Barry Plummer: p30×4, 31 (B), 32 (L&R), 35, 40/41 plus inset, 45, 46 (B), 48×3, 58, 60×4,
61(TL&R&BL), 62 (TR&BR), Back Cover × 2.
Rex Features: Front Cover, p6 (BR), 62 (L), 81.
Simon Robinson: p6 (T&B), 7 (T&B), 12, 15, 17, 18 (L), 19 (L), 22, 24 (TL&TC), 25 (C), 26
(BL), 34 (BL&R), 37, 42, 51 (R), 55, 59, 63, 66, 86 (TL).

Every effort has been made to trace the copyright holders of the photographers in this book
but one or two were unreachable. We would be grateful if the photographers concerned
would contact us.

Typeset by Capital Setters, London.
Printed in England by Ebenezer Baylis and Son Ltd, Worcester.